金融行业营改增实战全攻略

苗树伟◎著

中国财富出版社

图书在版编目（CIP）数据

金融行业营改增实战全攻略／苗树伟著．—北京：中国财富出版社，2017.1

ISBN 978 - 7 - 5047 - 6306 - 8

Ⅰ.①金…　Ⅱ.①苗…　Ⅲ.①金融业—增值税—税收管理—研究—中国

Ⅳ.①F812.424

中国版本图书馆 CIP 数据核字（2016）第 277685 号

策划编辑 黄　华		**责任编辑** 姜莉君		
责任印制 方朋远	**责任校对** 孙会香	孙丽丽	张营营	**责任发行** 邢有涛

出版发行	中国财富出版社	
社　　址	北京市丰台区南四环西路 188 号 5 区 20 楼	**邮政编码**　100070
电　　话	010 - 52227568（发行部）	010 - 52227588 转 307（总编室）
	010 - 68589540（读者服务部）	010 - 52227588 转 305（质检部）
网　　址	http://www.cfpress.com.cn	
经　　销	新华书店	
印　　刷	北京京都六环印刷厂	
书　　号	ISBN 978 - 7 - 5047 - 6306 - 8/F · 2684	
开　　本	710mm × 1000mm　1/16	**版　　次**　2017 年 1 月第 1 版
印　　张	10.75	**印　　次**　2017 年 1 月第 1 次印刷
字　　数	182 千字	**定　　价**　38.00 元

营改增破解金融业增值税"世界难题"

金融业由于客户的特殊性和普遍性使其无法凭票抵扣，国际上甚至认为金融业不存在真正推行增值税又能完善抵扣税款的办法。因此，大部分国家对金融业只有少量业务征税，对金融业征收增值税，是一道世界难题，且缺乏先例。中国的营改增政策，对金融行业进行系统梳理，给出了一套普遍征税的方案。

营改增试点扩围后，金融服务划分为贷款服务、直接收费金融服务、保险服务和金融商品转让四大类。营改增相关规定中，规定了这些业务形态销售额的确定方法。营改增过渡政策中，列举了一些免征增值税的业务。同时，这次营改增对金融业采取了"正面列举"的办法，清单里列举出免税产品或业务内容，清单之外的可能要被征税。比如，利息收入中，债券类仅有国债和地方政府债免征。这意味着政策性金融债、企业债等都可能被征税，而这两类债券在营业税下存在一定免税。近期，政策银行金融债利率有所上浮，目的就是对冲营改增可能带来的税负。再如，金融同业往来利息收入中，通过全国银行间同业拆借市场进行短期（一年以下含一年）无担保资金融通行为是免税的。这意味着同业业务中大量的债券买入返售等业务可能被征税，将加大机构间资金融通的成本。正当外界焦虑边界在哪儿时，2016年4月29日，财政部针对金融业营改增的过渡政策给出了补充规定，明确将外界焦虑的，包括质押式买入返售、持有政策性金融债券明确纳入金融同业往来利息收入，适用免税政策。

从理论研究和实践经验来看，对金融行业征收增值税是一个世界性税收难题，需要不断总结和探索。金融行业"营改增"方案实施后，不可避免地会在宏观和微观层面出现一些矛盾和问题，需要在后"营改增"时期统筹考虑，不断完善。同时，我们也应有理由预见，作为世界最大增值税运行体和第二大经济体，作为拥有40多年增值税管理经验的最大发展中国家，中国有能力为世界输出金融行业增值税制度设计与管理的"中国经验"，为世界增值税制度的发展做出贡献。

虽然营改增对金融业产生了翻天覆地的影响，而金融业本身又是国民经济中的重要产业，其业务渗透到经济领域的各个方面，但仍有人认为，我不是金融业，因此金融业营改增跟我没有关系。事实上，任何一个经济主体，如银行、保险公司等金融机构本身，包括非金融企业，也包括个人，都会涉及金融业务，都离不开金融业务。金融业的纳税人的范围是非常广的，不仅金融企业需要清楚金融业营改增，非金融企业及个人也需要清楚金融业营改增有哪些政策规定，只不过金融企业的营改增是个全方位的转入，因此需要更重视一些。而非金融企业比如工厂、餐馆等，同样需要了解自身企业是不是有一些资金的借贷关系，在账目上有没有往来款，这些都体现为资金的融通关系。甚至有些企业去买一些理财产品，做一些信托业务，这也是金融业务的一个组成部分。包括老板或其他个人跟企业有一些往来款的挂账，也是一个资金融通的关系。所有这些，都涉及金融业的营改增。所以，不要以为金融业营改增就是银行的事，就是保险公司的事，就是证券公司的事，任何一个纳税主体都要涉及营业税改增值税方面的事务。

正是基于对中国金融业营改增的世界意义和现实需要这两方面背景的认识，本书从以下8个方面展开：金融行业如何应对营改增；金融业营改增后如何判定纳税人身份；金融业营改增后的应税范围变化；金融企业增值两种税计税方法的要点；金融业增值税发票的涉税风险；金融业营改增后会计账务处理及注意事项；金融业营改增政策分析与实务操作方法；金融业营改增案例解读。

本书具有以下特点：一是内容全面，包括政策解读、实操指南、相关案例等，对金融业全面推开营改增涉及的各个环节做了详细介绍；二是政策最新，书中所有内容均依据财政部、税务总局联合制发的全面推开营业税改征增值税试点政策文件以及税务总局制发的行业税收管理办法；三是解读精准，采纳专家和业内人士对金融业营改增的背景、实施办法、后续政策、业务操作、纳税申报等所做的详细介绍和解读；四是操作性强，是各地税务机关和金融企业试点纳税人应对营改增最具权威性和指导性的必备工具书。

作　者

2016 年 9 月

目录 CONTENS

第一章

金融行业如何应对营改增

金融行业的营改增看似简单，即从原来的营业税5%改为增值税6%，且进项可以抵扣，但是从实际操作情况来看，很多金融企业仍然面临许多意想不到的困难。面对营改增，金融行业应该如何应对？我们从营改增对金融行业的影响、金融业企业应该如何应对营改增、税务部门的提醒3个方面来给出解决思路和办法。

金 融 行 业 营 改 增 实 战 全 攻 略

营改增对金融行业的影响

政府推行营改增的初衷是为完善抵扣链条、解决重复征税问题，并促进产业升级，不过由于金融业涉及不同类型金融机构，业务类型复杂，营改增工作的挑战不容小觑。因此，需要全面分析营改增对金融行业的影响，以利于确保营改增工作的平稳过渡实施。

1. 营改增对金融企业税负的影响

根据财政部、国家税务总局发布的《关于全面推开营业税改征增值税试点的通知》（财税〔2016〕36 号）（下称 36 号文）规定，金融服务，包括贷款服务、直接收费金融服务、保险服务和金融商品转让。金融业适用一般计税方式税率6%，适用简易计税方式的征收率3%。

从财务指标的影响而言，营业税是价内税，而增值税是价外税，营改增后，原本可以全额确认的收入在价税分离之后将有一定程度的减少。

不过，金融企业在成本费用端，可以取得一些进项抵扣，如采购各类设备、购买或租用不动产（经营用）、咨询业务采购（法律、财税咨询等）、基建或装修类项目等。这些项目从原来全额计入成本费用，变成净额（不含进项税）计入，将导致成本费用的降低。另外，原先企业需要承担的营业税也已取消。

金融企业的实际税负和利润水平，主要受以下几方面因素的影响：第一，企业对于各项应税收入、免税收入及不征税收入能否准确地划分；第二，销项税能否向下游客户转嫁；第三，成本费用端有多少进项税可以抵扣。当然营改增实施过程中所需要进行的系统改造，增值税发票管理岗位的设置等也会造成企业的经营成本增加。

2. 银行实施营改增面临的挑战

金融行业的营改增看似简单，即从原来的营业税 5% 改为增值税 6%，且进项可以抵扣，但是在实际操作中，我们发现很多金融企业仍然面临许多意想不到的困难。这次营改增，对于很多金融行业来说，也是一个重大考验。

先来谈谈银行业，营改增前后银行业的流转税税负变化主要有以下几种情况：

第一种情况，原先适用金融行业营业税税率为 5% 的银行，营改增之后，适用增值税一般计税方法按照 6% 的税率缴纳增值税。此种情况下，银行的流转税税负可能会有小幅增加。

第二种情况，在营业税税制下一些适用金融行业营业税税率为 3% 的银行（例如农村信用社、村镇银行、农村资金互助社、由银行业机构全资发起设立的贷款公司、法人机构所在地在县（含县级市、区、旗）及县以下地区的农村合作银行和农村商业银行等），营改增之后，如果适用增值税一般计税方法按照 6% 的税率缴纳增值税，银行的流转税税负可能有较大幅度上升。

第三种情况，上述提及的在营业税税制下适用 3% 税率的银行，营改增之后，按照《关于进一步明确全面推开营改增试点金融业有关政策的通知》（财税〔2016〕46 号）（下称 46 号文）有关简易计税的规定，选择适用简易计税办法按照 3% 的征收税率缴纳增值税。此种情况下，银行的流转税税负变化不大。

导致上述第一种和第二种情况下流转税税负上升的主要原因有三方面：一是税率上升，从 5%（或者 3%）上升至 6%，后者的税率变动达 100%。二是进项税抵扣不足，银行支出端可以抵扣的进项税额比较小；占据支出总额比例较大的项目如利息支出和人工成本，均不得抵扣进项或无从抵扣。三是免税项目减少。在营业税制下，银行在实务操作中适用免税的项目较多，如同业往来收入基本免税，但在增值税下，根据现行政策，可免税的项目较少，仅限于 36 号文和 46 号文当中规定的限定条件的免税项目。在一些具体业务的征免税政策不明确的情况下，企业可能选择按照征税处理。

36 号文中对有关金融行业的政策做了框架性的规定，但一直未有更加明确的针对银行业的实施细则出台。46 号文也仅是对一部分具体政策给予了明确，比如明确了质押式买入返售金融商品和政策性金融债券业务取得的利息收入属于金融同业往来利息收入，免征增值税。但鉴于银行业务的复杂性，仍有诸多不明确之处，造成银行在具体落地操作中的困惑。例如，36 号文中规定存款利息不征收增值税，这延续了原营业税中"存款不征收营业税"的规定，但 36 号文并未对存款给出定义，比如同业存放是否属于存款，能否适用不征收增值税的政策，目前各地税务机关也有不同解读。

营改增后，对于适用一般计税方法的银行，只有在销项税负可部分转嫁给下游客户，进项端税负可充分合理抵扣的情况下，银行的利润水平才会有一定的上升。

是否可以转嫁销项税负给下游客户，取决于银行的议价能力、产品的市场竞争力、同业操作以及客户能否抵扣进项。对于中间业务收入，如果客户是非同业的具有增值税一般纳税人资格的企业，理论上对增值税转嫁的抵触会较少，但仍需考虑同业的定价策略、供求双方的谈判地位、客户对其税负支出以及现金流的敏感度。而对于贷款服务，客户不能抵扣贷款利息的进项税，对增值税转嫁的抵触会比较大。

同时，现行政策下的免税收入均有一定条件限制，导致银行需要在现有核算账套基础上进行科目设置的详细拆分，使得免税收入可以单独核算。由于时间的限制，有些银行可能无法在短时间内完成科目重设，导致可能需要放弃部分收入免税事项，从而进一步对利润水平造成挤压。

中间业务加大是个复杂的问题，例如，简单地将"息转费"对于银行税负减轻没有促进作用。如果是正常的可抵扣的中间业务，要看市场整体消化情况，应该有一定程度的增加，例如部分保险可能会加大银行的代销，以增加进项抵扣（自销的人力成本不能抵扣）。

除了利润水平可能下降带来的挑战外，银行业的系统改造工作非常复杂，如何在较短的期间做好准备，也是一个巨大的挑战。

3. 营改增对保险业务模式的影响

对于保险行业来说，营改增会对保险公司的税负和业务模式产生较大影响。传统保险行业竞争较为激烈，客户以个人居多，且面临着保监会的严格监管，因此对于非免税的险种（如车险、财产险、意外险等），提高保费转嫁增值税的可能性较低。与此同时，由于大部分赔付支出（如医疗费用、标的物毁损赔付）都可能难以取得增值税专用发票进行抵扣，此消彼长之下，保险公司的税负将有上升的风险。

鉴于此，目前保险公司均在探寻通过改变业务模式降低增值税税负的可能性，如增加保险公司直赔的比例，直接与汽车修理厂等一般纳税人供应商签订理赔协议，从而获得增值税专用发票用以抵扣，以及增加机构代理的比例，以获得更多的手续费支出专用发票进行抵扣。

同时，一般大型保险公司为了便于管理、降低成本，通常由总公司进行统一的大宗采购，购进包括电脑设备、办公用品、保险业务相关软件等供下辖各分支机构免费使用。按照目前行业惯例，一般大型保险公司总公司以管理职能为主，不开展保险销售业务，仅从事再保险相关业务及投资业务，取得的收入类型一般为再保险收入和投资收益，增值税销项税金额可能不足以完全抵扣采购设备及软件相关进项税额。按照目前保监会的要求，保险公司总公司也可能很难将采购的设备、软件"转售"给下辖分公司并收取费用。由此可能造成下辖分支机构多缴税款而总公司进项长期挂账，对现金流会有一定影响。

为此，除了研究由各机构自行采购或者向分支机构收取服务费等解决方案之外，各保险公司也在积极向总机构主管税务局申请在总机构所在地汇总缴纳增值税，从而达到平衡总分支机构的税负，同时节约税务管理成本的目的。目前部分省份的国税局已经向省内大部分保险公司下发了关于汇总缴纳增值税的通知，明确了汇总缴纳的范围，日常管理和纳税申报的方法，其他省份也在积极讨论研究相关问题。

然而，保险业目前仍然存在政策不明确的地方。再保险是保险公司用于降低风险的常见业务模式，在再保业务中，分入保费收入是否缴纳增值税，分出保费是否可以取得增值税专用发票，再保摊回手续费如何进行税务处理等均不甚明确。目前保险公司正在积极向保监会和主管税务局反映，也期待相关的法规细则能尽快出台。

4. 基金业实施营改增需更多明确政策

对于基金行业来讲，目前政策不明确的地方要更多一些。

　　36 号文中明确，基金转让属于金融商品转让，应当按照 6% 缴纳增值税。但是对于基金持有期间取得的分红收益，却没有提及。分红收益究竟是否属于增值税的征税范围；如果在征税范围内，是按照贷款服务还是金融商品转让收入交税。这些都亟待明确。另外持有到期赎回的基金产品，处理方式与转让是否有区别，也是广大基金公司希望能够明确的问题之一。

　　另外，根据《中华人民共和国证券投资基金法》的相关规定，基金财产独立于基金管理人、基金托管人的固有财产。基金管理人、基金托管人不得将基金财产归入其固有财产。也就是说，从法律法规的角度来看，基金财产与基金公司是独立分开的。然而，从税法的角度来看，基金财产尚不具备纳税人资格，不能独立纳税。这就造成了法律主体与税收主体的差异。

　　由此产生的问题包括但不限于：基金产品的投资对象能否取得发票进行入账甚至进项抵扣；如果可以，应该由哪一方开具相关发票（基金财产不是纳税人，不能开具发票；投资者与投资对象无直接关系，也不能开具发票；基金公司、托管机构并不是投资收益的取得人，不应开具发票）。

　　基金管理公司收取的基金管理费、手续费、服务费等，是直接从基金财产上收取的，而并不是直接向投资者或投资对象收取，那是否就不需要向投资者或投资对象开具发票？由于基金公司是以自己的名义与投资者签订基金合同的，其中会约定基金管理费、手续费、服务费等的收取比例，从税法的角度来看，是否意味着投资者据此有权要求基金公司开具发票？另外，对于基金的投资，很多也是由基金公司与投资对象或其拥有方直接签订合同的，这是否也意味着投资对象或其拥有方也有权要求基金公司开具发票？由于纳税主体问题，基金公司是否需要穿透基金财产，直接向投资者或投资对象开票？如果是的话，到底应按照实际收取的服务费用金额向投资者开票，还是按照基金财产收取的整体金额（包括投资收益等）向投资对象开票？如何能够对此核算清晰（目前很多数据都在代销机构手中，基金公司往往没有明细到每一个投资者的信息，因此很难核算清楚从而准确开票）？这些都是目前基金行业公司非常头疼的问题。

　　另外，基金公司产品在银行代销模式下时，由于银行代销渠道会对手续费收取部分通道费用，基金管理公司和代销渠道机构到底如何给投资人开具增值税发票，是分别开具自己的部分，还是由代销机构先统一开具，再由基金公司向代销机构开具其享有的部分，或者相反，也有待进一步研究明确。

5. 营改增对金融机构下游客户的影响

金融业营改增后，由于增值税抵扣链条的打通，也必将对银行下游客户带来一定的影响。这种影响主要由三个因素决定：一是银行业本身的征税政策，二是利率市场化程度和银行竞争程度，三是下游客户类型。

对银行业如何征税就决定了下游客户如何抵税，即银行业的销项税额就是下游客户的进项税额。

利率市场化的程度和银行竞争程度决定了银行是否可以将增值税进行有效转嫁以及银行服务的价格。

下游客户的类型决定了进项税额是否能够抵扣。根据现行增值税规定，如果下游客户是个人或小规模纳税企业，进项税额不能进项抵扣，只要改革前后的价格保持不变，则不会产生太大的影响。如果是一般纳税企业，来源于银行的进项税额可以抵扣，这将有利于减轻这些企业的税收负担。但若改革后价格发生了较大幅度的上涨，即不含税价格超过了改革前价格，则下游一般纳税企业尽管增值税有所减少，但是成本将会有所增加，利润将会减少。

金融业企业应该如何应对营改增

增值税改革会带来大规模的减税，金融业企业应当抱最大希望，尽最大努力，积极做好自身的各项准备及实施工作，抓住机遇将减税效应充分消化吸收，尽力实现营改增的平稳过渡。这些准备实施工作包括但不限于以下几个方面。

1. 成立营改增工作组

企业需要根据自身情况估算出营改增需要花费的时间。如果有必要，企业还应当成立营改增工作组协助企业完成改革工作。工作组成员不仅应具备一定程度的专业背景，在营改增的进程中能够及时知悉并理解最新的税收政策，还应快速开展营改增前的部门访谈工作，梳理内部产品和流程，明确各部门在营改增中应该承担哪些工作职责，协助企业完成营改增的过渡工作。同时，要研究衔接方案，对于工作进行优先级的排列，结合营改增具体政策综合调整商业合同条款模板，考虑对经营模式进行转型升级。

2. 优化内部财税管理

借营改增之机，企业应进一步完善内部的税收风险管控，调整内部采购销售策略，加强税务和业务对接，加强企业内部沟通，实现税务管理的前置化，降低税收成本。具体包括以下几个方面。如下表所示。

金融企业营改增内部财税管理措施

序　号	内　容
1	全方位评估营改增对收入和成本费用核算产生的影响及带来的利润变化，分析进项税金对现金流及融资成本的影响，对产品服务的定价机制做出修订，调研供应商信息，完善供应商管理
2	加强财务部门和合同管理部门的对接，对企业与外部签订的合同模板进行固化，如果合同条款发生变动，确保财务能够及时了解，并分析相应的税收影响，提出合理筹划方案
3	建立税务管理制度体系，修改增值税管理的各项流程制度，编写操作手册，确保增值税合规，使企业的纳税申报和管理流程化。同时，要关注营改增后续配套文件，跟进陆续出台的各类政策解释和操作办法，及时分析对本环节的影响并做出应对
4	加强对内部办税人员的专业知识培训。由于营改增后，原来申报和核算相对简单的营业税会变成核算相对复杂的增值税，尽量避免由于人员水平不高造成的税收风险
5	推进信息系统改造与升级。从企业的硬件设施来看，企业还应及时制订系统改造方案，如财务核算系统升级改造方案，财务系统与业务系统的对接，财务核算系统与纳税申报系统、开票系统的关联等

序　号	内　容
6	营改增最重要的一项就是进项税的管理。首先，企业应对各项业务进行梳理，制订进项税管理方案。其他行业的营改增全部完成后，一些大额的进项税也能够抵扣，如生活服务业营改增之后，企业支付的房屋租金可作为进项税进行抵扣，这将减少企业的税负。其次，对于一些不能取得进项税发票的业务，可以向税务系统申请定额抵扣的特殊待遇。譬如在支付存款利息无法取得发票的情况下，可参照收购农产品的模式（现行税法下，纳税人收购农产品可以按照农产品收购发票或者销售发票上注明的农产品买价和 13% 的扣除率计算进项税额），制定合理的抵扣率，按照付款单据标注的金额乘以扣除率计算得出进项税，从而弥补无法取得发票的漏洞
7	发票后续管理有待加强。由于营改增纳税人应税服务具有"无形"的特点，加上一些纳税人规模不大，行业类型繁多，会计核算不规范，备查的合同单据不完整、不齐全等，使税务机关事后监控的难度增加。部分营改增纳税人受利益驱动，极易诱发虚开虚抵专用发票的行为。因此，企业应做好增值税价税分离方案，确定相应的开票规则。熟悉发票升级版系统要求，正确开具发票；掌握增值税发票领用存要求，规范使用发票。营改增后金融企业需要大量开具发票，如果对每笔业务都单独开具增值税发票则会耗费大量的人力物力。可以考虑将现有的流水单通过系统改造的方式直接升级为发票，节约人员成本的同时，也可以保证开票的正确性

3. 做好外部沟通

企业需要长期有效地与外部其他部门机构和行业协会保持沟通。首先，确保第一时间知悉法规政策的出台与变动。遇到不明确的涉税事项，有必要及时与各部门机构进一步讨论，争取有利的税务处理，最大限度地保证公司整体的利益。其次，借增值税改革之机，与金融行业协会沟通，通过行业渠道向总局申请更进一步优惠政策的出台以及落地实施。

税务部门提醒：合理筹划，金融业税负可只减不增

金融业实施营改增，一些金融企业担心营改增后税负会上升，这一担忧除了来自税率上升 1 个百分点外，还包括免税政策适用范围相对有限，轻资

产模式导致进项抵扣远少于实体产业，银行贷款利息等不得作为企业进项抵扣税额，税负又难以转嫁。但这一问题针对不同的纳税人需要仔细分析。比如，对金融业小规模纳税人来说，营改增后税负将只减不增。

1. 国家政策关于小规模纳税人征税的规定

根据国家政策，提供金融服务年应税销售额不超过 500 万元的纳税人，属于增值税小规模纳税人，适用简易计税办法，征收率为 3%。在不考虑还有其他增值税优惠政策的前提下，与原营业税相比，纳税人税负只减不增。

比如，金融业纳税人取得 100 万元的金融服务收入，在营业税税制下，应纳营业税为 100 万元 × 5% = 5 万元。营改增后，同样的业务应纳增值税为 100 万元 ÷（1 + 3%）× 3% = 2.91 万元，比原营业税应纳税额少 2.09 万元，实际增值税税负为 2.91%，比原营业税税负降低 2.09 个百分点。

由于金融业多数年应税销售额超过 500 万元，因此多数企业是增值税一般纳税人，适用 6% 的增值税税率。但税务部门提醒，只要通过合理筹划，营改增实施后税负也能做到只减不增。增值税实际上是基于差额征税，即销项减进项，因此进项抵扣越多，纳税额越小。金融业改征增值税后，企业购进的不动产（办公楼等）、设备、办公用品、耗用的水电均可以抵扣进项税额。

2. 湖北省国税局的相关提醒

湖北省国税局举例称，某银行当期销售额为 100 万元，购买水电、办公设备等货物要花去 20 万元，需要缴纳营业税为 100 万元 × 5% = 5 万元；营改增后，增值税销项税额为 100 万元 ÷（1 + 6%）× 6% = 5.66 万元，购买货物取得增值税专用发票可抵扣进项税额为 20 万元 ÷（1 + 17%）× 17% = 2.91 万元，应纳税额为 5.66 万元 - 2.91 万元 = 2.75 万元，营改增后税收负担大幅降低。

因此，金融业纳税人需要在购买支出时，尽量取得增值税专用发票，用以抵扣进项税额。

湖北省国税局提醒，可以纳入抵扣的进项税额包括购买计算机硬件设备，委托其他单位维护系统，购买网络信息传输等电信服务，委托开发各类软件系统，外包的呼叫中心服务，购买的广告、宣传服务（包括从境外公司购买的广告服务等），购买的安保、押运服务，委托他人代办金融业务（包括代办保险）的手续费佣金，2016年5月1日后取得的不动产、租赁不动产以及不动产修缮、装饰，各类办公用品、水电费等运营，购买的交通运输车辆等。

另外，金融业还有一些业务适用国家减免增值税的规定，如发放国家助学贷款的利息收入，购买国债、地方政府债的利息收入，金融同业往来的利息收入等。

3. 专家对营改增后金融行业名义税率提高的分析

专家认为，表面上看，营改增后金融行业名义税率提高1个百分点，但这并不代表实际税负会加重。考虑到允许金融企业将外购房产、设备及服务中所含的增值税税金进行抵扣，企业缴纳流转环节的税收不但不会上升，反而会下降。但个别企业由于外购可抵扣项目处于改革不同时点，会存在可抵扣项目少而出现增税的现象。从中长期来看，所有企业的税负是下降的。

专家进一步认为，金融业通过改革提高自身经营质量和效率，降低实体企业的融资成本，从而助力整体经济效益提升，是中国经济优化结构、提升竞争力的必由之路。

第二章

金融业营改增后如何判定纳税人身份

在中华人民共和国境内销售金融服务的单位和个人，为金融业增值税纳税人，自2016年5月1日起应当缴纳增值税，不缴纳营业税。判定金融业增值税纳税人身份需要从两个方面着手：一是金融业纳税人的横向判定，即金融业纳税人的范围；二是金融业纳税人的纵向判定，即明确一般纳税人和小规模纳税人这两类纳税人的分类标准。

金 融 行 业 营 改 增 实 战 全 攻 略

金融业纳税人的横向判定（金融业纳税人的范围）

金融业纳税人的横向判定，即金融业纳税人的范围，亦即政策确定的金融业纳税人身份。另外需要明确的是，纳税人所从事的金融服务属于增值税征税范围，而这也是金融业纳税人横向判定的一个重要方面。

1. 政策确定的金融业纳税人的身份

在中华人民共和国境内提供金融服务的单位和个人，为增值税纳税人。单位，是指企业、行政单位、事业单位、军事单位、社会团体及其他单位；个人，是指个体工商户和其他个人；在境内销售提供金融服务，是指在境内的金融服务的销售方或者购买方。

其中，金融机构指的是：银行，包括中央银行、商业银行、政策性银行；信用合作社；证券公司；金融租赁公司、证券基金管理公司、财务公司、信托投资公司、证券投资基金；保险公司；其他经中央银行、银监会、证监会、保监会批准成立且经营金融保险业务的机构等。而金融企业是指银行（包括国有、集体、股份制、合资、外资银行以及其他所有制形式的银行）、城市信用社、农村信用社、信托投资公司、财务公司等。

2. 金融业增值税征税范围

金融服务是纳税人所从事的活动，因此纳税人需要明确其征税范围。

事实上，将金融服务列入金融行业的增值税征税范围，并界定贷款服务、直接收费金融服务、保险服务和金融商品转让 4 类金融服务的内容，是金融业营改增的重要内容。如表 2-1 所示。

表 2-1   金融业增值税征税范围

事　项	内　容
贷款服务	是指将资金贷与他人使用而取得利息收入的业务活动。各种占用、拆借资金取得的收入，包括金融商品持有期间（含到期）利息（保本收益、报酬、资金占用费、补偿金等）收入、信用卡透支利息收入、买入返售金融商品利息收入、融资融券收取的利息收入，以及融资性售后回租、押汇、罚息、票据贴现、转贷等业务取得的利息及利息性质的收入，按照贷款服务缴纳增值税。融资性售后回租，是指承租方以融资为目的，将资产出售给从事融资性售后回租业务的企业后，从事融资性售后回租业务的企业将该资产出租给承租方的业务活动。以货币资金投资收取的固定利润或者保底利润，按照贷款服务缴纳增值税
直接收费金融服务	是指为货币资金融通及其他金融业务提供相关服务并且收取费用的业务活动。包括提供货币兑换、账户管理、电子银行、信用卡、信用证、财务担保、资产管理、信托管理、基金管理、金融交易场所（平台）管理、资金结算、资金清算、金融支付等服务
保险服务	是指投保人根据合同约定，向保险人支付保险费，保险人对于合同约定的可能发生的事故因其发生所造成的财产损失承担赔偿保险金责任，或者当被保险人死亡、伤残、疾病或者达到合同约定的年龄、期限等条件时承担给付保险金责任的商业保险行为。包括人身保险服务和财产保险服务。人身保险服务，是指以人的寿命和身体为保险标的的保险业务活动。财产保险服务，是指以财产及其有关利益为保险标的的保险业务活动
金融商品转让	是指转让外汇、有价证券、非货物期货和其他金融商品所有权的业务活动。其他金融商品转让包括基金、信托、理财产品等各类资产管理产品和各种金融衍生品的转让。提供金融服务，税率为6%。增值税征收率为3%，财政部和国家税务总局另有规定的除外

金融业纳税人的纵向判定（两类纳税人的分类标准）

金融业纳税人的纵向判定，需要明确的是一般纳税人和小规模纳税人这两类纳税人的分类标准，以及二者的区别。

1. 一般纳税人和小规模纳税人的判定标准

金融业增值税纳税人分为一般纳税人和小规模纳税人。应税行为的年应征增值税销售额超过 500 万元的纳税人为一般纳税人，未超过规定标准的纳税人为小规模纳税人。年应征增值税销售额，指纳税人在连续不超过 12 个月的经营期内累计应征增值税销售额（包括纳税申报销售额、稽查查补销售额、纳税评估调整销售额、税务机关代开发票销售额和免税销售额）。

这里需要强调的是，对于一般纳税人而言，年应税销售额未超过规定标准 500 万元的纳税人，会计核算健全，能够提供准确税务资料的，可以向主管税务机关办理一般纳税人资格登记，成为一般纳税人。会计核算健全，是指能够按照国家统一的会计制度规定设置账簿，根据合法、有效凭证核算。除国家税务总局另有规定外，一经登记为一般纳税人后，不得转为小规模纳税人。

对小规模纳税人而言，《国家税务总局关于合理简并纳税人申报缴税次数的公告》（国家税务总局公告 2016 年第 6 号）规定，自 2016 年 4 月 1 日起，增值税小规模纳税人缴纳增值税、消费税等相关税费，原则上实行按季度申报。按季度申报后，小规模纳税人如何判断销售额是否超过规定的标准，并登记为增值税一般纳税人？《增值税一般纳税人资格认定管理办法》（国家税务总局令第 22 号）规定，增值税纳税人年应税销售额超过财政部、国家税务总局规定的小规模纳税人标准的（从事生产货物或提供应税劳务年应税销售额标准为 50 万元；从事货物批发或零售的纳税人年应税销售额为 80 万元；应税服务年不含税销售额标准为 500 万元），除本办法第五条规定以及《国家税务总局关于调整增值税一般纳税人管理有关事项的公告》（国家税务总局公告 2015 年第 18 号）明确的年销售额超过标准但符合有关政策且可以选择按小规模纳税人纳税外，应当向主管税务机关办理增值税一般纳税人资格登记。小规模纳税人实行按季度申报后，在申报表上无法体现出连续 12 月经营期的销售额，纳税人需要按月注意连续 12 个月的销售额累计数是否超标，超标后要及时申请登记为一般纳税人，或者向主管税务机关提交选择小规模纳税人纳税书面说明，否则可能造成税收风险。

2. 一般纳税人和小规模纳税人在税收待遇上的区别

一般纳税人和小规模纳税人这两类纳税人不仅有规模上的区别，更有税制适用上的区别。从税制适用而言，一般纳税人适用增值税税率，其进项税额可以抵扣，而小规模纳税人适用增值税征收率，其进项税额不可以抵扣。

一般纳税人和小规模纳税人在税收待遇上的区别如表2-2所示。

表2-2　　　　　一般纳税人和小规模纳税人在税收待遇上的区别

序　号	内　容
1	一般纳税人销售应税的货物、劳务以及发生应税行为可以自行开具增值税专用发票，而小规模纳税人不能自行开具，购买方索取专用发票的，小规模纳税人只能到主管税务机关申请代开专用发票
2	一般纳税人购进货物、劳务以及应税行为可以凭取得的增值税专用发票以及其他扣税凭证按规定抵扣税款，而小规模纳税人不享有税款抵扣权
3	征税办法不同。一般纳税人适用一般计税方法计税，小规模纳税人适用简易计税方法计税

第三章

金融业营改增后的应税范围变化

本章深入分析了金融业营改增后应税范围的变化，以及因此需要引起重视的相关问题。诸如金融企业营改增后贷款服务的业务处理、营改增中金融服务的直接收费业务的规定、金融商品转让业务的增值税问题、金融业商务辅助服务及其税率和个税代扣手续费征税的合理性问题、融资性售后回租业务中承租方的会计与税务处理、保险公司实施营改增的主要问题与对策等。

金 融 行 业 营 改 增 实 战 全 攻 略

金融行业营改增前后征税变化分析

确定增值税征税范围，即何为进项税、何为销项税，是中国金融业营改增所要面临和必须解决的难题。金融业本身的业务特点决定了金融业增值税不同于货物增值税，最复杂的如如何确定增值额，最常见的如以票管税的发票，金融业交易规模巨大，每笔业务都开具增值税专用纸质发票可能是不现实的。因此，确定何种征税模式，要考虑增值税的中性原则、金融业的发展以及对政府财政收入的影响。事实上，将金融服务列入金融行业的增值税征税范围，并界定贷款服务、直接收费金融服务、保险服务和金融商品转让4类金融服务的内容，这是一个权宜之计、过渡之策。

1. 金融业成 "难啃的骨头"

金融业人士普遍认为，营改增对行业不会带来剧烈变化。某证券研究机构表示，营改增之后，税收涵盖范围基本不变，实际税率提升，出现可抵扣的进项，但范围有限，税收优惠基本延续。

此前，市场曾热议营改增将给债券市场带来致命冲击，因为营改增增加了银行同业征税幅度和范围，增加了债券持有和交易成本（尤其是金融债），会使得回购利率和债券收益率双双上升。这一担忧被财政部2016年4月29日下发的营改增补充通知打消。在补充通知中，明确将质押式买入返售金融商品、持有政策性金融债券纳入同业业务利息往来收入，意味着二者将不在增值税征收范围内，消除了之前成本增加的担忧。

不仅如此，营改增对金融行业的利好更为明显。营改增一方面有助于减少重复计税从而减轻社会税收负担，另一方面有助于加快服务业分工，改善产业升级。以银行贷款服务为例，现在有很多和贷款服务无关的咨询也需要支付费用。银行可以把这部分业务外包，使自己的主营业务更加清晰，分工更加细化合理，有利于机构转变经营模式，缩短业务链，提高经营效率。

然而，由于金融业子行业业务种类繁多，核算也比较复杂，被业内视为营改增的一大难点。多位业内人士表示，营改增的实施需要试点磨合，增值税制度的优越性可能暂时难以体现。

2. 简易征税难体现营改增效果

在流转税方面，1994 年税制改革后，中国对金融业征收营业税，初期税率定为 5%。此后，根据金融业发展状况和税负水平，多次进行了调整：1997年将营业税税率从 5% 提高到 8%，2001 年开始分 3 年逐年降低税率，最终从2003 年起金融业营业税税率调降至 5%，并且这个税率一直沿用至今。在分析金融业营业税税负时，往往把与营业税密切相关的城市维护建设税和教育费附加考虑进去。由此，有估算认为，中国金融业流转税的综合名义税率可达到 5.5% 以上，高于国际平均水平。所以，以尽可能遵循税收中性原则、消除重复征税现象并使增值税链条完整起来为目的的营改增，体现在金融业方面，还有借此降低行业税负的目的。

《营业税改征增值税试点方案》（财税〔2011〕110 号）（以下简称《方案》）规定了 17%、13%、11% 和 6% 四档增值税税率，其中租赁有形动产等适用 17% 税率，交通运输业、建筑业等适用 11% 税率，其他部分现代服务业适用 6% 税率，但对金融业适用的税率则无明确规定。不过，对金融业，《方案》提出原则上适用增值税简易计税方法，但这种简易计税方法的具体内容至今还未出台。

其实，税率的确定倒是次要，着眼于结构性减税的营改增，理所当然地可以认为是不会增加金融业的整体税负，尽管不排除个别金融机构或出现税负上升的可能。这里，最值得关注的是金融业营改增后适用的简易计税法。从营改增试点行业的实践看，简易计税指的是按"销售额×征收率"来计算应纳税额，且不得抵扣进项税额。如果此种方法应用于金融业营改增后的征税安排上，就产生了两个问题：一是金融业营改增后的销售额与现行金融业营业税计税的营业额差别不大，虽然不能等量齐观，因为简易计税法下的销售额为含税的，而营业税计税的营业额是不含税的；二是简易计税方法的应纳税额不能抵扣进项税额。

现行金融业营业税的计税依据无论是利息收入全额，还是利息收入差额，抑或是金融服务性收入减去相关价款费用后的余额，若营改增后实行简易计税法，则显然可以全盘转变为金融业的销售额，经过简单的账务处理，成为金融业增值税的计税依据。若是如此，简易计税法与现行金融业营业税的计税办法并无太大的差别。纵然金融业的整个税负会有所降低，但这种小修小补的改革难免与人们对深化财税体制改革的期望有所落差。更重要的是，简易计税法按规定不能抵扣进项税额，这自然就破坏了增值税整个链条的完整性，还是无法解决流转税中的重复征税问题，使营改增的改革效果无法体现。鉴于此，从长计议可能是需要的。细分金融服务，对不同的金融服务项目采取不同的征税方法，如对中介服务和隐性收费的金融服务项目，适用简易计税法；对显性收费的金融服务项目，按正常增值税征税安排计征，并允许抵扣进项税额。当然，这需要时间来进行缜密的机制设计。

3. 经济下行压力压缩金融业营改增的空间

中国经济进入新常态后，经济增速从高速向中高速转变，在经历了多年的粗放型数量扩张后，正面临着向集约型提质增效的转变，结构调整成为这一转变过程中的重要推手。营改增正切合了结构调整的需要。众所周知，营业税虽征管简便，但重复征税是其主要弊端，因此营改增有助于消除多环节经营活动的重复征税，促进深化产业分工协作，随着营改增的持续推进和抵扣链条的逐步完善，还将带来产业结构的进一步优化升级。

然而，受国内外需求不振的影响，再加上新的经济增长源正在寻找或培育中，当前经济下行压力仍然未有明显的缓解迹象。固然我们可以实现国内生产总值（GDP）年增速7%左右的目标，但倘若经济下行压力得不到明显消解甚至继续加大的话，难免会压缩进一步营改增的空间。

一般来看，经济形势较好，会给税制改革创造良好的内生环境，并成为税制改革的润滑剂。回望1994年的税制改革，不难发现，是在1992年、1993年经济两位数增长的背景下实施的。在这种背景下，经济稳定增长所带来的整体收益可在很大程度上化解因税制改革对各方面造成的冲击。尽管当时财政收入占GDP的比重与中央财政收入占GDP的比重偏低是1994年税制改革的主因，但税制改革在经济稳定增长的支撑下导致了中国财政收入的大幅增长，由此奠定了近 20 年中国财政收入高速增长的格局。

对比之下，当今的营改增，实际上起到了结构性减税的作用。从拉动经济增长的财政政策实践来看，积极财政政策历来基本上是以扩大支出为主，而减税只是起到不大的辅助作用。扩大支出虽然可以靠增加赤字来实现，但还是离不开财政收入的一定增幅为基本盘。根据财政部 2015 年 9 月中旬发布的数据，受宏观经济形势及继续实施结构性减税和普遍性降费等因素影响，2015 年 1 月至 8 月累计全国一般公共预算收入同口径增幅比 2014 年同期回落 3.1 个百分点；其中 8 月，全国一般公共预算收入 9671 亿元，比上年同月增长 6.2%，同口径增长 3.5%。

财政收入增长继续呈中速偏低态势，免不了使营改增所带来的冲击的回旋余地变小，因此多少会影响到营改增的进度。营改增的大方向是结构性减税，但当经济下行压力未有明显改观且财政收入增速趋缓之际，结构性减税会进一步加大财政收入增长的压力，并对以扩大支出为主要手段的积极财政政策的可持续性造成不利影响。即便不考虑财政收入问题，而只从减税的角度出发，通常的理解是，减税有助于刺激经济恢复景气。营业税是中国财政收入的第二大税种，2015 年 8 月该税同比增长 21.1%，其中金融业营业税增长 52.9%。假若着眼于通过减税拉动经济增长，那么仅就营业税而言，调降其税率是一种选择，通过营改增实施结构性减税也是一种选择。但比较起来，目前金融业营改增实施起来难度较大，不确定性也比较高，是否能达到结构性减税也是个未知数。另外，如果直接调降营业税税率，实施起来相对简单，减税效应也是确定的。因此，在经济下行压力未有明显缓解的情况下，稳妥地推进营改增，适当放慢改革的脚步，不妨也是一种可取的选择。

金融企业营改增后贷款服务的业务处理

金融企业营改增后贷款服务的业务处理主要依据 36 号文来进行，操作上具体需要明确以下几项内容。

1. 贷款服务相关收入的征税政策

36号文对贷款服务的定义为将资金贷与他人使用而取得利息收入的业务活动。各种占用、拆借资金的利息收入，包括金融商品持有期间（含到期）利息（保本收益、报酬、资金占用费、补偿金）收入、信用卡透支利息收入、买入返售金融商品利息收入、融资融券收取的利息收入，以及融资性售后回租、押汇、罚息、票据贴现、转贷等业务取得的利息及利息性质的收入，均适用贷款服务缴纳增值税。同时，其他以货币资金投资收取的固定利润或者保底利润，也都应按照贷款服务缴纳增值税。

值得注意的是，36号文对应税行为的定义，通常不以纳税人从事的行业性质来判断，而是以纳税人发生的具体应税行为来判断纳税义务。也就是说，对贷款服务而言，即使不是金融机构，只要发生了贷款服务定义范围内的应税行为，都应按照贷款服务来计算缴纳增值税。贷款服务的增值税适用税率为6%。

需要说明的是，36号文规定对于接受贷款服务的一般纳税人来说，贷款服务以及与该笔贷款直接相关的投融资顾问费、手续费、咨询费等费用的进项税额是不得从销项税额中扣除的。目前相关的规定确实使得金融机构提供的贷款服务和收取手续费等业务将很难直接将其收取的增值税向借款方进行转嫁。但是，改革是一个持续渐进的过程，需要考虑很多现实的因素，我们预期在后续完善的过程中，这一政策规定也将逐步完善。

2. 纳税人对贷款服务应重点关注的地方

36号文规定贷款服务相关费用不能抵扣，对目前企业集团之间常见的资金池业务就会产生一定程度上的不利影响，鉴于资金池业务应该按照贷款服务缴纳增值税，从资金池取得贷款利息收入的一方需要按照6%计算缴纳增值税，而支付利息的一方却无法就其缴纳的增值税进行进项税额抵扣。因此，营改增后，关联企业之间需要重新考虑资金池的安排。

但是，值得注意的是，36号文给予了集团内统借统还业务特殊的优惠待遇，即集团内统借方向资金使用单位收取不高于支付给金融机构借款利率水平或者支付的债券票面利率水平的，则可适用增值税免税政策。统借统还业务不同于资金池业务，指的是企业集团或者集团核心企业向金融机构借款或对外发行债券取得资金后，将所借资金分拨给下属单位，并向下属单位收取用于归还金融机构或债券购买方本息，并也由企业集团统一归还的业务。这一政策是原来营业税税制下优惠政策的延续。

3. 贷款服务的优惠政策

对存款利息不征收营业税以及金融同业往来利息收入免征营业税的政策，在36号文中基本得以延续，但是同业范围的界定有所改变。

另外，36号文规定，对逾期贷款的利息收入只有自结息日起90天后发生的应收未收利息可暂不缴纳增值税；90天内发生的应收未收利息仍需缴税。

营改增中金融服务的直接收费业务的规定

我们在第二章"金融业纳税人的横向判定（金融业纳税人的范围）"一节中已经讲过，36号文规定，直接收费金融服务是指为货币资金融通及其他金融业务提供相关服务并且收取费用的业务活动，包括提供货币兑换、账户管理、电子银行、信用卡、信用证、财务担保、资产管理、信托管理、基金管理、金融交易场所（平台）管理、资金结算、资金清算、金融支付等服务。

在实践中，银行业的直接收费金融服务税收、其他纳税人提供的直接收费金融服务，以及直接收费金融服务的销售额都有不同的规定。

1. 银行业营改增后对直接收费金融服务税收的影响分析

根据36号文规定，直接收费金融服务，以提供直接收费金融服务收取的手续费、佣金、酬金、管理费、服务费、经手费、开户费、过户费、结算费、转托管费等各类费用为销售额。

银行业营改增后，与贷款服务直接相关的手续费、咨询费等费用，其进项税额不得从销项税额中抵扣，但是与贷款服务不直接相关的各类手续费或类手续费性质的费用所对应的进项税可以抵扣。

原营业税中除贷款服务和金融商品转让，其他以赚取手续费为目的的业务都归类到了"其他金融业务"中，应税额为手续费及佣金净收入。

2. 营改增纳税人提供收费金融服务的相关政策

36 号文的附件之一《营业税改征增值税试点有关事项的规定》第一条第三款规定："直接收费金融服务，以提供直接收费金融服务收取的手续费、佣金、酬金、管理费、服务费、经手费、开户费、过户费、结算费、转托管费等各类费用为销售额。"

《营业税改征增值税试点有关事项的规定》第一条第四款第三项规定："纳税人接受贷款服务向贷款方支付的与该笔贷款直接相关的投融资顾问费、手续费、咨询费等费用，其进项税额不得从销项税额中抵扣。"

36 号文规定："本通知附件规定的内容，除另有规定执行时间外，自 2016 年 5 月 1 日起执行。"

金融商品转让业务的增值税问题

金融商品转让，也称买卖金融工具，是许多企业存在的业务，下面结合 36 号文及有关规定，从金融商品转让的范围、金融商品转让征收增值税的法理基础、金融商品转让增值税计算的一般规定、以股票为例分析金融商品转让增值税计算、以债券为例分析金融商品转让增值税计算、金融商品转让免征增值税、金融商品转让发票开具、原始股东转让股票的增值税纳税义务等多个方面，分析金融商品转让的增值税问题。

1. 金融商品转让的范围

36 号文的税目注释，对金融商品转让的定义是：金融商品转让，是指转让外汇、有价证券、非货物期货和其他金融商品所有权的业务活动。其他金融商品转让，包括基金、信托、理财产品等各类资产管理产品和各种金融衍生品的转让。

从上述定义可以看出，金融商品的范围非常宽泛，除股权投资之外的其他投资类产品，购买之后的转让，几乎都在征税范围。

2. 金融商品转让征收增值税的法理基础

对金融商品转让征收增值税的基础在于以下两点。

一是符合增值税的一般原理。增值税的征收对象是增值额，只要有增值额，就可以征收增值税。金融商品转让的投资收益，就是增值额，具备征收增值税的基础。

二是与贷款等其他金融行为税负公平。金融商品，许多是融资工具，也是投资工具，如果不征税，引起税负不公平。以贷款为例，如果将资金贷与他人使用征收增值税，但是转让债券不征税，则会引起两种行为的税负不公平。

3. 金融商品转让增值税计算的一般规定

增值税的计算，包括计税方式、税率、销售额的确定等。

（1） 金融商品转让的计税方式和税率

一是计税方式。目前没有对金融商品转让可以简易征收的规定。因此，金融商品转让应适用一般计税方式，也就是计算销项税额，与纳税人其他销项税额一起计算总的销项税额，抵扣可以抵扣的进项税额，一并计算当月或当季度的应纳税额。

二是税率。金融商品转让的税率是6%。

（2） 如何计算销售额和销项税额

计算销项税额，首先是确定销售额。根据36号文的规定，金融商品转让的销售额，按照卖出价扣除买入价后的余额为销售额。

一是如何确定卖出价。确定卖出价，应按照36号文，关于销售额的一般规定，以转让金融商品时取得的全部价款和价外费用作为销售额。当然，符合规定的代收的费用，可以不包括在内。那么，支付的佣金等是否可以自销售额中扣减？不应该扣减。原因是没有扣减的规定；同时，因为支付的佣金等可以取得增值税专用发票，可以抵扣进项税。

二是如何确定买入价。金融商品的买入价，可以选择按照加权平均法或者移动加权平均法进行核算，选择后 36 个月内不得变更。每次购买金融商品时，如何确定当次的价格？在目前的增值税法规中还没有具体的规定，但是购入方的买入价就是转让方的卖出价，因此，投资者在购买金融商品时，支付的全部价款和价外费用，是转让方的卖出价，也应该作为买入价。有关支出，比如佣金或手续费等，如果取得了可以抵扣的增值税专用发票，应该抵扣有关的进项税，不得再从卖出价中扣减。

关于股票和债券的买入价和卖出价，下面单独分析。

三是如何计算销项税额。销项税额 = 销售额 ÷（1 + 6%）× 6%。

（3）　盈亏如何互抵

转让金融商品出现的正负差，按盈亏相抵后的余额为销售额。若相抵后出现负差，可结转下一纳税期与下期转让金融商品销售额互抵，但年末时仍出现负差的，不得转入下一会计年度。

（4）　全年亏损是否可以退税

在营业税时，如果上半年有盈利，缴纳了营业税，下半年有亏损，整年算账是亏损的，可以申请退还营业税。增值税目前没有全年亏损退税的规定，不能申请退税。

4. 以股票为例分析金融商品转让增值税计算

（1）　如何确定股票的买入价

确定股票买入价时，是否扣除股票持有期间的股息？增值税目前没有规定，但是可以参考营业税的规定。《关于营业税若干政策问题的通知》（财税〔2003〕16 号）（下称 16 号文）规定，股票的买入价，按照购入价减去持有期间的股息红利的余额计算确定。

（2）　如何计算转让股票的销售额

假定 A 公司 2015 年 4 月购入一只股票，2016 年 5 月转让。购入价是 100 元，持有期间取得股息 5 元，卖出价是 120 元，支付佣金和收付费 2 元。则计算增值税的销售额是：销售额 = 120 −（100 − 5）= 120 − 95 = 25（元）。

（3）　如何计算销项税额

销项税额 = 25 ÷（1 + 6%）× 6% = 1.415（元）。

5. 以债券为例分析金融商品转让增值税计算

（1） 如何确定债券的买入价

在确定债券买入价时，是否要扣除持有期间取得的利息？之所以提出这个问题，是因为《关于债券买卖业务营业税问题的公告》（国家税务总局公告2014年第50号）（下称50号公告）明确规定，在确定购入价时，应扣除持有期间取得的利息。

但是根据营改增后的规定，不应自买入价中扣除利息。因为在营业税时，持有期间的利息在转让前是不征税的。但是，营改增关于贷款服务的税目注释规定，金融商品持有期间的利息收入，按照贷款服务缴纳增值税，也就是债券持有期间，只要取得利息，就应该缴纳增值税，因此，在转让债券时，不应再自购入价中扣除持有期间的利息，不然就重复征税了。当然，没有征收过营业税的利息，应该自购入价中扣减。

（2） 如何计算转让债券的销售额

A公司2017年8月转让债券收入100元，该债券是2015年9月购入的，购入价是60元，2016年1月取得利息5元，利息收入没有缴纳营业税，2017年1月取得利息6元，缴纳了增值税。A公司2016年金融商品转让亏损15元，2017年8月之前，当年转让金融商品亏损15元。则转让债券的销售额是：销售额 = 100 − （60 − 5） − 15 = 100 − 55 − 15 = 30（元）。

（3） 如何计算销项税额

30 ÷ （1 + 6%） × 6% = 1.7（元）。

6. 金融商品转让免征增值税

根据36号文的规定，下列金融商品转让免征增值税。

一是境内个人和单位免税。个人从事金融商品转让业务；证券投资基金（封闭式证券投资基金、开放式证券投资基金）管理人运用基金买卖股票、债券。

二是境外单位和个人免税。合格境外机构投资者（QFII）委托境内公司在我国从事证券买卖业务；香港市场投资者（包括单位和个人）通过沪港通买卖上海证券交易所 A 股；对香港市场投资者（包括单位和个人）通过基金互认买卖内地基金份额。

三是境内单位买卖境外金融商品是否免税。现在也有境内单位买卖境外金融商品的行为，比如到香港市场买卖股票、债券等，是否可以免征增值税？没有免征增值税的规定，只能征收增值税。在营业税时，对境内单位买卖境外金融商品，有关法规的表述有点模糊，"按照规定征免营业税"，到底是征是免，似乎不清楚。但是，对纳税人而言，只要在征税范围，又没有免税的规定，主管税局是有权征税的。

7. 金融商品转让发票开具

金融商品转让，不得开具专用发票，但是可以开具普通发票。当然，在实际操作时，可能有很大困难。

8. 原始股东转让股票的增值税纳税义务

原始股东转让股票，是否按照金融商品转让征收增值税？分析这个问题，我们先从转让股权是否应该征收增值税开始。

假定 A 公司持有 B 公司股权，股权成本是 100 万元，A 公司按照 150 万元的价格转让给 C 公司。B 公司不是上市公司。A 公司是否有增值税纳税义务？

（1）转让非上市股权收入和股息收入不征收增值税

营业税曾经有明确规定，转让股权不征收营业税。增值税目前没有这样明确的规定，但是从增值税的征税范围看，转让股权不在增值税征税范围。

根据 36 号文《销售服务、无形资产、不动产注释》，销售服务包括交通运输服务、邮政服务、电信服务、建筑服务、金融服务、现代服务、生活服务。转让股权最可能归入的服务是金融服务。其中，金融服务的范围包括贷款服务、直接收费金融服务、保险服务和金融商品转让。转让股权最可能归入的是金融商品转让。

看金融商品转让的范围，不包括转让非上市公司股权。那么，转让股权是否可以按照销售无形资产征税呢？根据税目注释，无形资产包括技术、商标、著作权、商誉、自然资源使用权和其他权益性无形资产。权益性无形资产包括基础设施资产经营权、配额权等，也不包括股权。所以，转让股权不在增值税征税范围。另外，股息收入不是任何一项营改增服务收入，也不在增值税征收范围。

（2）股权变成的股票，是否在金融商品转让征税范围

金融商品转让的销售额，是卖出价扣除买入价后的余额。股权变成的股票，不存在购买股票的过程，也不存在股票的购买价格。尽管在上市过程中，原始股权的价值会评估，折成多少股票，但实际没有购买股票的过程。因此，尽管转让股权变成的股票属于转让金融商品，但不属于转让金融商品征收增值税范围。

总之，对原始股东持有股权变成的股票，在转让时，按照转让金融商品征收增值税，目前缺乏税法依据。

金融业商务辅助服务及其税率和个税代扣手续费征税的合理性问题

根据 36 号文的规定，商务辅助服务，是指各类经纪、中介、代理服务。该规定已将原营业税税目中"金融经纪业"剔除出金融服务税目中，划入"商务辅助服务"税目项下经纪代理服务中。

1. 什么是商务辅助服务

根据 36 号文的规定，商务辅助服务，包括企业管理服务、经纪代理服务、人力资源服务、安全保护服务。如下表所示。

商务辅助服务范围

事 项	内 容
企业管理服务	是指提供总部管理、投资与资产管理、市场管理、物业管理、日常综合管理等服务的业务活动

事 项	内 容
经纪代理服务	是指各类经纪、中介、代理服务。包括金融代理、知识产权代理、货物运输代理、代理报关、法律代理、房地产中介、职业中介、婚姻中介、代理记账、拍卖等。其中，货物运输代理服务是指接受货物收货人、发货人、船舶所有人、船舶承租人或者船舶经营人的委托，以委托人的名义，为委托人办理货物运输、装卸、仓储和船舶进出港口、引航、靠泊等相关手续的业务活动；代理报关服务是指接受进出口货物的收、发货人委托，代为办理报关手续的业务活动
人力资源服务	是指提供公共就业、劳务派遣、人才委托招聘、劳动力外包等服务的业务活动
安全保护服务	是指提供保护人身安全和财产安全，维护社会治安等的业务活动。包括场所住宅保安、特种保安、安全系统监控以及其他安保服务

2. 商务辅助服务的税率及个税代扣手续费征税的合理性

商务辅助服务的税率为6%。其中，人力资源服务一般纳税人按照6%征收率缴纳税款，小规模纳税人按照3%征收率缴纳增值税。

关于个税代扣手续费征税的合理性，其实在营业税时，这已经是个烦恼事儿。《国家税务总局关于代扣代缴储蓄存款利息所得个人所得税手续费收入征免问题的通知》（国税发〔2001〕31号）（下称31号文）明确对储蓄机构取得的手续费收入，应按照《营业税暂行条例》的有关规定征收营业税。于是以31号文为出发点，有些地方规定个税代扣手续费征收营业税，主体不限于储蓄机构。

这个争议持续至今。对此，各地营改增口径主要有两种处理方式：一是要求按"商务辅助服务——代理经纪服务"征税，比如《深圳市全面推开"营改增"试点工作指引（之一）》第四点；二是允许开具零税率的增值税普票，比如《湖北省国税局营改增热点问题解答（一）》第一部分第14点。

反对个税代扣手续费按"商务辅助服务——代理经纪服务"征税的观点存在以下两方面的问题。

一是行为性质。有观点认为代扣代缴属于法定义务，其手续费是财政补贴不宜征税。如果持这种观点，那么就能推论出 31 号文的定性是错误的，因为不管是一般企业代扣代缴，还是储蓄机构代扣代缴，代扣代缴的性质并没有差异。反过来，如果接受 31 号文，其根据《营业税暂行条例》的有关规定征收营业税，在原理上自然也就可以扩展到其他主体。而且根据增值税关于销售额的相关规定，行政单位收取的不同时满足特定条件的政府性基金或者行政事业性收费也可以征税，那么基于法定义务的手续费收入为什么就一定没有可课税性呢？另外，根据 36 号文附件之《营业税改征增值税实施办法》第十条规定的"非经营活动"前三项已列举，第四项为"财政部和国家税务总局规定的其他情形"，既然其不属于前三项所列举范围，财政部和国家税务总也未作出规定，所以也不属于"非经营活动"。

二是税目归属。有观点认为代扣代缴不属于"商务辅助服务"，是一种"政务辅助"，所以营改增口径中将个税代扣手续费归入"商务辅助服务——经纪代理服务"是错误的。其实《销售服务、无形资产、不动产注释》本身可能就存在瑕疵，比如"商务辅助服务"列举内容中包括了"婚姻中介"，直观而言"婚姻中介"不属于"商务辅助服务"，但它确实又在列举的范围之内。再者，退一步讲，不按"商务辅助服务"征税，还可以考虑兜底税目"现代服务业——其他现代服务"。

对个税代扣手续费征税的合理性不妨这么考虑，首先收取手续费构成"有偿"、提供的服务是"商务辅助服务——经纪代理服务"或"现代服务业——其他现代服务"，又不属于"非经营业务"，对其征税看似又有合理性。

融资性售后回租业务中承租方的会计与税务处理

售后回租交易，是指资产卖方（承租方）将资产出售后再从买方（出租人方）租回的交易。无论是承租人还是出租人，均应按照租赁准则的规定，将售后回租交易认定为融资租赁或经营租赁。

在形成融资租赁的售后回租交易方式下，对卖方（承租方）而言，与资产所有权有关的全部报酬和风险并未转移，并且售后回租交易的租金和资产的售价往往是以一揽子方式进行谈判的，应视为一项交易。因此，无论卖方

（承租方）出售资产的售价高于还是低于出售前资产的账面价值，所发生的收益或损失都不应确认为当期损益，而应将其作为未实现售后回租损益递延并按资产的折旧进度进行分摊，作为折旧费用的调整。

　　承租人对售后回租交易中售价与资产账面价值的差额应通过"递延收益——未实现售后租回损益（融资租赁）"科目进行核算，分摊时，按既定比例减少未实现售后租回损益，同时相应增加或减少折旧费用。

1. 承租方 （卖方） 出售资产时会计处理

（1） 结转出售固定资产时的会计处理

借：固定资产清理

　　累计折旧

　　贷：固定资产

（2） 向出租方 （买方） 出售固定资产收取价款时的会计处理

借：银行存款

　　贷：固定资产清理

　　递延收益——未实现售后租回损（注：售价高于账面价值时记入贷方，反之在借方，本文会计处理以售价高于账面价值作为示例）。

　　增值税处理：根据现行增值税和营业税有关规定，融资性售后回租业务中承租方出售资产的行为，不属于增值税和营业税征收范围，不征收增值税和营业税。承租方向出租方开具增值税普通发票。

2. 承租方融资租回固定资产涉及的会计处理

（1） 承租方租回固定资产时的会计处理

借：固定资产——融资租入固定资产

　　未确认融资费用

　　长期待摊费用——融资租赁进项税额（根据合同计提）

　　贷：长期应付款——应付融资租赁款

　　　　银行存款

　　注：按照《企业会计准则第 21 号——租赁》相关规定，承租人应当将租赁开始日租赁资产公允价值与最低租赁付款额现值两者中较低者与初始直接

费用之和作为租入资产的入账价值，同时考虑以后期间可以抵扣的增值税额。（可以抵扣增值税，适用于 2016 年 4 月 30 日前签订的有形动产融资性售后回租合同，出租方收取的利息部分可以开具增值税专用发票，向承租方收取的有形动产价款本金，不得开具增值税专用发票，可以开具普通发票；2016 年 5 月 1 日之后的售后回租业务属于贷款服务，承租方支付的利息部分不得抵扣进项税，应该计入固定资产入账价值）

（2） 支付租金和分摊未确认融资费用时的会计处理

借：长期应付款——应付融资租赁款

　　贷：银行存款

借：财务费用

　　贷：未确认融资费用

收到增值税专用发票，按注明的税额进行会计处理：

借：应交税费——应交增值税（进项税额）

　　贷：长期待摊费用——融资租赁进项税额

注：此增值税分录适用于 2016 年 4 月 30 日前签订的有形动产融资性回租合同，2016 年 5 月 1 日之后的售后回租业务，承租方支付的利息不得抵扣进项税，无须做此笔分录。

（3） 在折旧期间计提折旧的会计处理

借：××费用——固定资产折旧

　　贷：累计折旧

借：递延收益——未实现售后租回损益

　　贷：××费用——固定资产折旧

（4） 租赁期满后的会计处理

借：固定资产——自有固定资产

　　贷：固定资产——融资租入固定资产

企业所得税处理：根据现行企业所得税法及有关收入确定规定，融资性售后回租业务中，承租人出售资产的行为，不确认为销售收入，对融资性租赁的资产，仍按承租人出售前原账面价值作为计税基础计提折旧。租赁期间，承租人支付的属于融资利息的部分，作为企业财务费用在税前扣除。

因此，在融资租赁期间，每年会计上财务费用中分摊进来的未确认融资费用、成本费用中计提的折旧、分摊的未实现售后租回损益与承租人所得税上作为财务费用（属于融资利息部分）扣除金额之间的差异，在相关年度需要作相应的纳税调增或纳税调减。

3. 融资性售后回租业务支付的租金可否抵扣问题

2016 年 5 月 1 日营改增全面实施以后，很多人对公司发生的融资性售后回租固定资产业务，支付的租金（即利息）是否可以抵扣进项税心存疑惑。对此问题的解答如下：

36 号文附件之《营业税改征增值税试点实施办法》第二十七条规定：下列项目的进项税额不得从销项税额中抵扣：（六）购进的旅客运输服务、贷款服务、餐饮服务、居民日常服务和娱乐服务。

本办法所附的《销售服务、无形资产或者不动产注释》中，关于贷款服务，解释如下：贷款，是指将资金贷与他人使用而取得利息收入的业务活动。

各种占用、拆借资金取得的收入，包括金融商品持有期间（含到期）利息（保本收益、报酬、资金占用费、补偿金等）收入、信用卡透支利息收入、买入返售金融商品利息收入、融资融券收取的利息收入，以及融资性售后回租、押汇、罚息、票据贴现、转贷等业务取得的利息及利息性质的收入，按照贷款服务缴纳增值税。

依据上述规定，营改增全面实施以后，公司发生的融资性售后回租固定资产业务，支付的租金（即利息）不可以抵扣进项税。

保险公司实施营改增的主要问题与对策

保险公司实施营改增中需重点关注三个方面：一是对于开展业务的实质影响；二是税务申报和风险管理；三是节省税务成本的思路。

1. 保险业营改增对于开展业务的实质影响

（1）增值税直接影响保险定价策略

增值税为价外税，独立于不含税的保费单独列示，价税分离。即投保人在购买保单时，除支付约定保费外，还需要支付按规定税率计算出的增值税款。因此，在市场激烈竞争的情况下和收入压力的情况下，公司需要认真考虑自身定价策略。

（2） 如何给客户开具发票

一是正常承保业务发票的开具。营改增后，对于增值税发票的开具需要区分一般纳税人、小规模纳税人和个人用户，以确定增值税专用发票或普通发票的开票时点及开票层级。因此，针对不同需求、不同渠道的客户，公司需考虑在发票开具时兼具合规性及成本效益。

二是特殊情况下（如退保、批改业务）发票的开具。很多公司目前的做法是：退保业务，要求退保人将原发票、保单等凭证一并交还，同时在系统中打印退费收据；批减业务，向客户开具退费收据（已实收）或负数发票（未实收）；批增业务，与承保业务类似。营改增后，公司需要特别注意和系统研究与退保和批改业务相关的开具新发票、开具红字发票、回收原票等事项。

2. 保险业营改增税务申报和风险管理

（1） 开票收入与会计收入如何匹配

增值税实行"以票控税"，需要以增值税开票系统中的已开发票收入为基础进行纳税申报，而会计上则按照权责发生制确认收入，会与开票收入存在时间性差异。同时，各省税务机关对于增值税的申报缴纳可能有不同要求。因此，公司需要在税务申报和风险管理上重点关注如何将开票收入与会计收入差异进行统筹管理。

（2） 进项认证如何嵌入费用报销流程

用于报销的增值税专用发票，包括记账联和抵扣联两联凭证，记账联用于正常费用报销，抵扣联需要交由专门负责进项认证的人员，在发票开具之日起180日内完成认证。因此，如果要达到既不影响现有报销流程，又保证在180日内完成认证，公司需要在税务方面考虑如何将进项认证嵌入现有报销流程。

3. 保险业营改增节省税务成本的思路

（1） 赔付支出及理赔费用的进项抵扣

赔付支出和理赔费用是保险公司最大的成本费用支出项，对应的进项税能否抵扣直接影响保险公司的税赋高低。现阶段，以上费用支出是否可以进行进项抵扣的政策尚不明确。公司应当提前对理赔发票收集、发票进项认证及管控等进行梳理。

（2）手续费及佣金的进项抵扣

目前，个人的保险营销员无法开具增值税专用发票，这部分费用相关的进项税能否取得有效凭证实现进项抵扣，是公司节约税务成本时需要重点考虑的。

（3）如何归集免税险种对应的进项税

按照增值税法的规定，用于免征增值税项目的购进货物或者应税劳务对应的进项税额，不得从销项税额中抵扣。我们了解到，目前公司大部分的免税险种，如长期寿险、万能险等，对应的成本费用支出暂无法按每个险种精细地独立核算。因此，公司应当尽早开始对上述免税险种对应成本费用的进项税额进行有效归集的工作。

（4）视同销售情况

对于公司可能存在的赠送保单、礼品等行为，在增值税上应做视同销售处理。从节约税务成本的角度出发，公司应对此类赠送保单、礼品等情况进行梳理，根据商业可行性进行调整，以减少不必要的视同销售行为。

（5）增值税发票应如何管理

按照营改增增值税发票管理目标，公司应当关注开票内容、开票层级、开票时点、开票对象及贯穿始终的发票管理。

一是对于向个人和小规模纳税人开具普通发票。具体包括：税局的防伪开票系统的使用；对自助打印发票的处理，如客户不要普票如何处理、实物发票如何与系统信息对接等；对小金额保单开票的处理；如何防止各机构为客户代开、虚开增值税发票。

二是对于向一般纳税人开具专用发票。具体包括：加强专用发票回销的工作，降低发票遗失导致的风险；梳理重开发票的情况，明确重开发票的相关制度，并在合同中明确重开发票的处理方式；如何确保每月报税前，当月应作废发票已及时作废；若出现专票未及时作废、但已进行报税的情况，应如何进行账务处理。

（6） 业务流程优化及相应的公司系统改造与税控系统对接问题

通过流程梳理与调研，以及销项端、进项端、税务管理机制的分析，公司需要圈定纳入营改增改造范围的系统及对应的系统功能，并确定系统改造的基本原则和业务要求，以选择恰当的系统改造方案。一些基本的改造诉求包括：已承保的业务能够实现价税分离；通过系统实现发票的自动开具；进项发票认证；系统数据能准确支持税务申报和缴纳；增值税发票全生命周期管理等。

保险机构需要全面评估营改增对系统的全面影响，结合考虑现有系统复杂度、自主研发能力、系统接口关系、开票需求及开票量等因素，确定系统改造的方案和策略。营改增对保险业信息系统的影响主要体现在四个方面：一是销项端系统改造属于营改增需要完成的工作，也是营改增系统改造的重点和难点。不同保险机构开始营改增准备的时点不同，选择的改造策略（如核心改造策略或外挂策略）也可能有差异。二是进项端系统改造对于保险机构而言具有较大的自主性，保险机构可以结合自身营改增准备的充分程度以及开发能力，确定进项税相关系统的改造优先级和工作安排。三是发票管理与纳税管理相关系统改造或建设工作对保险业而言是一个新的课题。保险机构需要自建或外购发票管理相关功能，实现与增值税开票专用设备以及税局端的金税系统的数据交互，实现增值税发票生命周期管理，并为增值税纳税申报表数据的填写提供准确的数据支持。四是会计核算、管理报表、客户或供应商纳税人信息整理、产品及合同标示等相关功能的改造也是营改增过程中需要重视的方面。

各保险机构需按照当地国税局要求，安装增值税防伪税控开票软件、防伪税控认证子系统、电子申报软件等，实现发票的开具、认证与申报。保险机构在确定纳税申报及缴纳层级的基础上，谨慎评估客户开票量、专票或普票开票点（例如三四级网点、营服、车险4S店出单点等）等需求，确定总体的开票设备部署方案以及相应的采购预算。

第四章

金融企业增值两种税计税方法的要点

增值税计税方法包括一般计税方法和简易计税方法。小规模纳税人提供应税服务适用简易计税方法计税，一般纳税人提供应税服务适用一般计税方法计税，其中一般纳税人提供财政部和国家税务总局规定的特定应税服务，可以选择适用简易计税方法计税，但一经选择，36个月内不得变更。营改增后，这两种计税方法直接涉及金融企业的小规模纳税人和一般纳税人的利益。

金　融　行　业　营　改　增　实　战　全　攻　略

小规模纳税人税额的计算方法

小规模纳税人发生应税行为适用简易计税方法。换言之，小规模纳税人提供应税服务一律适用简易计税方法计税。简易计税方法是按照销售额与征收率的乘积计算应纳税额。

1. 简易计税方法之应纳税额、含税销售额的计算

简易征税办法是增值税一般纳税人，因行业的特殊性，无法取得原材料或货物的增值税进项发票，所以按照进销项的方法核算增值税应纳税额后税负过高，因此对特殊的行业采取按照简易征收率征收增值税。简易征收办法就是不根据国家规定的基本税率或者征收率进行征收，而是按照国家另外规定的一个比率进行征收。按规定程序征收是指完全计算销项税额、进项税额，然后以销项减去进项，计算应纳税额。简易征收办法就直接以收入乘以一个百分率计算应缴纳的税额即可。

（1）**应纳税额的计算**

简易计税方法的应纳税额，是指按照销售额和增值税征收率计算的增值税额，不得抵扣进项税额。应纳税额计算公式为：应纳税额 = 销售额 × 征收率。上述销售额为不含税销售额，提供应税服务的征收率为3%。

（2）**不含税销售额的计算公式**

简易计税方法的销售额不包括其应纳税额，纳税人采用销售额和应纳税额合并定价方法的，按下列公式计算销售额：销售额 = 含税销售额 ÷（1 + 征收率）。

和一般计税方法相同，简易计税方法中的销售额也不包括向购买方收取的税额，应将含税销售额换算为不含税销售额。

（3） 应税服务扣减销售额的规定

纳税人提供的适用简易计税方法计税的应税服务，因服务中止或者折让而退还给接受方的销售额，应当从当期销售额中扣减。扣减当期销售额后仍有余额造成多缴的税款，可以从以后的应纳税额中扣减。

适用对象：一般纳税人提供特定应税服务；小规模纳税人提供应税服务。

一般纳税人提供特定应税服务，收取价款并开具增值税专用发票后，发生服务中止或者折让而退还销售额给接受方，依照规定将所退的款项扣减当期销售额的，需要按照规定开具红字专用发票。否则，不得扣减当期销售额。

小规模纳税人提供应税服务收取价款并由主管税务机关代开增值税专用发票后，发生服务中止或者折让而退还销售额给接受方，依照规定将所退的款项扣减当期销售额，需要开具红字专用发票的，比照一般纳税人开具红字专用发票的处理办法，通知单第二联交代开税务机关。否则，不得扣减当期销售额。

2. 一般纳税人选择简易计税方法的四种情形

在营改增中，有些企业可以抵扣的项目不够，考虑到要减轻纳税人税负，《关于将铁路运输和邮政业纳入营业税改征增值税试点的通知》 （财税〔2013〕106 号） 政策规定，符合条件的一般纳税人，可以选择简易计税方式。具体有以下四种情形：

第一，试点纳税人中的一般纳税人提供的公共交通运输服务，可以选择按照简易计税方法计算缴纳增值税。考虑到公共交通运输服务的公益属性，而且公共交通运输企业在营改增初期大量的运输工具无法进入增值税抵扣链条，如果按照一般计税方法，其适用税率为11%，在票价不变的情况，企业的不含税收入必然大大减少。运输企业为了达到原来的收支平衡，一是向政府要补贴，二是通过涨票价向消费者转嫁增值税税负。为了不增加公众的负担，因此政府允许运输企业选择按照简易计税方式计算。公共交通运输服务，包括轮客渡、公交客运、地铁、城市轻轨、出租车、长途客运、班车。其中班车是指按固定路线、固定时间运营并在固定站点停靠的运送旅客的陆路运输。

第二，试点纳税人中的一般纳税人，以该地区试点实施之日前购进或者自制的有形动产为标的物提供的经营租赁服务，试点期间可以选择按照简易计税方法计算缴纳增值税。营改增之前有形动产租赁属于营业税征收范畴，其进项税额不得抵扣。试点实施之日前购进或者自制的有形动产，其进项税额不能在营改增后抵扣，按17%的税率征税，税负太重，因此允许其选择按照简易计税方法计算缴纳增值税。

第三，自本地区试点实施之日起至2017年12月31日，被认定为动漫企业的试点纳税人中的一般纳税人，为开发动漫产品提供的特定服务，可以选择按照简易计税方法计算缴纳增值税。动漫属于国家扶持产业，且大多属于智力创作，允许动漫企业按照简易计税方法计算缴纳增值税，有利于促进动漫产业的发展。可以选择按照简易计税方法计算缴纳增值税的服务包括动漫脚本编撰、形象设计、背景设计、动画设计、分镜、动画制作、摄制、描线、上色、画面合成、配音、配乐、音效合成、剪辑、字幕制作、压缩转码（面向网络动漫、手机动漫格式适配），以及在境内转让动漫版权（包括动漫品牌、形象或者内容的授权及再授权）。

第四，试点纳税人中的一般纳税人提供的电影放映服务、仓储服务、装卸搬运服务和收派服务，可以选择按照简易计税办法计算缴纳增值税。广播影视服务纳入营改增范围后，按6%税率征税。试点纳税人中的一般纳税人提供的电影放映等服务可以选择按照简易计税办法计算缴纳增值税，对应的增值税征收率为3%。

3. 一般纳税人选择简易计税方法需把握的要点

一般纳税人选择简易计税方法，需把握以下四个要点。

第一，一般纳税人对一项特定应税服务，一经选择适用简易计税方法计税的，在选定后的36个月内不得再变更计税方法。

第二，一般纳税人对其特定项目选择适用简易计税方法在计算应纳税额时，不得抵扣用于简易计税项目的进项税额。

第三，一般纳税人经营租赁服务选择简易计税，仅限于以试点实施之前购进或者自制的有形动产为标的物提供的经营租赁服务，对于试点实施后购进或自制的不适用简易计税方法。

第四，试点纳税人中的一般纳税人兼有销售货物、提供加工修理修配劳务的，凡未规定可以选择按照简易计税方法计算缴纳增值税的，其全部销售额应一并按照一般计税方法计算缴纳增值税。

一般纳税人税额的计算方法

一般纳税人发生应税行为适用一般计税方法。根据财政部、国家税务总局有关试点政策规定，一般纳税人提供应税服务适用一般计税方法计税。一般计税方法的应纳税额，是指当期销项税额抵扣当期进项税额后的余额。通常情况下，一般纳税人提供应税服务适用一般计税方法，小规模纳税人不适用一般计税方法。

1. 一般计税方法之应纳税额、销售额、销项税额、进项税额的计算

（1）**应纳税额的计算**

我国目前对一般纳税人采用的计税方法是国际上通行的购进扣税法，即纳税人在购进货物时按照销售额支付增值税税款（构成进项税额），在销售货物时也按照销售额收取增值税税款（构成销项税额），但是允许从销项税额中扣除进项税额，从而间接计算出对当期增值额部分的应纳税额。当销项税额小于进项税额时，结转下期继续抵扣。增值税一般纳税人销售货物、加工修理修配劳务和应税服务的应纳税额，就是当期销项税额抵扣当期进项税额后的余额，其计算公式为：应纳税额＝当期销项税额－当期进项税额。当期销项税额小于当期进项税额不足抵扣时，其不足部分可以结转下期继续抵扣。

（2）**含税销售额的计算**

应税服务原征收营业税时，纳税人根据实际取得的价款确认营业收入，按照营业收入和营业税率的乘积确认应交营业税。在应税服务征收增值税后，为了符合增值税作为价外税的要求，纳税人进行账务处理时，应分项记录不含税销售额、销项税额和进项税额，以正确计算应纳增值税额。在实际工作中，经常会出现一般纳税人将销售额和销项税额合并定价的情况，这样就会形成含税销售额。因此，一般纳税人取得的含税销售额在计算销项税额时，必须先将其换算为不含税销售额。对于一般纳税人销售货物、提供应税劳务或应税服务，采用销售额和销项税额合并定价方法的，按照下列公式计算销售额：销售额＝含税销售额÷（1＋税率）。公式中的税率为销售货物、提供应税劳务或应税服务按《增值税暂行条例》和《试点实施办法》中规定所使用的税率。

（3）销项税额的计算

销项税额，是指纳税人发生应税行为按照销售额和增值税税率计算并收取的增值税额。销项税额计算公式为：销项税额＝销售额×税率。

（4）进项税额的计算

进项税额，是指纳税人购进货物、加工修理修配劳务、服务、无形资产或者不动产，支付或者负担的增值税额。一般在财务报表计算过程中采用以下的公式进行计算：进项税额＝（外购原料、燃料、动力）×税率÷（1＋税率）。进项税额是已经支付的钱，在编制会计账户的时候记在借方。

2. 一般计税方法需把握的要点

针对一般纳税人发生应税行为的一般计税方法，需要把握以下三个要点。

第一，一般纳税人取得的含税销售额要换算成不含税销售额。在应税服务改征增值税之前征收营业税时，由于营业税属于价内税，纳税人根据实际取得的价款确认营业额，按照营业额和营业税税率的乘积确认应交营业税。在应税服务营业税改征增值税之后，由于增值税属于价外税，一般纳税人取得的含税销售额，必须先进行价税分离换算成不含税销售额，再按照不含税销售额与增值税税率之间的乘积确认销项税额。

第二，销售使用过的固定资产按4%征收率减半征收，其使用过的固定资产，是指纳税人根据财务会计制度已经计提折旧的固定资产。销售使用过的除固定资产以外的物品，应按适用税率征收增值税。

第三，掌握一般计税方法应纳税额缴纳的分配。纳税人兼有适用一般计税方法计税的应税服务和销售货物或者应税劳务的，按照销项税额的比例划分应纳税额，分别作为改征增值税和现行增值税收入入库。应纳税额分配计算公式为：一般货物劳务应纳税额＝全部应纳税额×一般货物劳务销项税额÷全部销项税额；应税服务应纳税额＝全部应纳税额×应税服务销项税额÷全部销项税额。

例如，兼有货物劳务及应税服务的试点纳税人 2013 年 8 月货物不含税销售额 1000 万元，检验检测不含税收入 200 万元，均开具增值税专用发票。当月外购货物取得增值税专用发票注明增值税 150 万元。应纳增值税 = 1000 × 17% + 200 × 6% − 150 = 32（万元）。应税服务销项税额比例 = 12 ÷（170 + 12）= 6.59%。应税服务应纳增值税 = 32 × 6.59% = 2.11（万元）。货物销售应纳增值税 = 32 − 2.11 = 29.89（万元）。

3. 金融业纳税人准予从销项税额中抵扣的进项税额

金融业纳税人准予从销项税额中抵扣的进项税额包括以下六种情形。

第一，从销售方取得的增值税专用发票（含税控机动车销售统一发票，下同）上注明的增值税额。

第二，从海关取得的海关进口增值税专用缴款书上注明的增值税额。

第三，购进农产品，除取得增值税专用发票或者海关进口增值税专用缴款书外，按照农产品收购发票或者销售发票上注明的农产品买价和 13% 的扣除率计算的进项税额。计算公式为：进项税额 = 买价 × 扣除率。买价，是指纳税人购进农产品在农产品收购发票或者销售发票上注明的价款和按照规定缴纳的烟叶税。购进农产品，按照《农产品增值税进项税额核定扣除试点实施办法》抵扣进项税额的除外。

第四，从境外单位或者个人购进服务、无形资产或者不动产，自税务机关或者扣缴义务人取得的解缴税款的完税凭证上注明的增值税额。

第五，2016 年 5 月 1 日后取得并在会计制度上按固定资产核算的不动产或者 2016 年 5 月 1 日后取得的不动产在建工程，其进项税额应自取得之日起分两年从销项税额中抵扣，第一年抵扣比例为 60%，第二年抵扣比例为 40%。取得不动产，包括以直接购买、接受捐赠、接受投资入股、自建以及抵债等各种形式取得不动产，不包括房地产开发企业自行开发的房地产项目。融资租入的不动产以及在施工现场修建的临时建筑物、构筑物，其进项税额不适用上述分两年抵扣的规定。

第六，按照《试点实施办法》第二十七条第（一）项规定不得抵扣且未抵扣进项税额的固定资产、无形资产、不动产，发生用途改变，用于允许抵扣进项税额的应税项目，可在用途改变的次月按照下列公式计算可以抵扣的进项税额：可以抵扣的进项税额＝固定资产、无形资产、不动产净值÷（1＋适用税率）×适用税率。

　　需要说明的是，上述可以抵扣的进项税额应取得合法有效的增值税扣税凭证。

第五章

金融业增值税发票的涉税风险

过去缴纳营业税时，由于纳税环节不严密，金融企业可能不重视发票管理。但一旦营改增后，无法获取合法票据来抵扣，企业就必须为此埋单；如果收取的进项发票本身有问题或随意进行进项税额抵扣，则容易被认定为偷税、逃税，还可能需要承担虚开增值税发票的法律责任。因此金融企业应充分重视增值税发票管理，合理控制税务风险，降低自身税务成本。

金 融 行 业 营 改 增 实 战 全 攻 略

金融业增值税发票开具

1. 金融业增值税发票种类

金融业增值税纳税人主要使用增值税专用发票和增值税普通发票，金融业纳税人提供金融服务，购买方索取增值税专用发票的，应当开具专用发票。但以下情形不得开具增值税专用发票：向消费者个人销售金融服务；销售免征增值税的金融服务；转让金融商品。

因购进贷款服务不得抵扣进项，金融业纳税人提供贷款服务时不需要向购买方开具增值税专用发票。金融业纳税人销售各类金融服务，如需开具发票的，均可以开具增值税普通发票。

2. 金融业增值税发票领用

纳税人需要开具发票的，应向主管国税机关申请票种核定，安装税控系统后，即可领用。

一是票种核定。纳税人提出申请，国税机关核定其使用增值税发票的种类、单次（月）领用数量及专用发票的最高开票限额。

二是税控专用设备的购买和发行。使用升级版开具发票的纳税人需购买、发行及安装税控专用设备。

税控专用设备的购买。纳税人可自愿选择使用航天信息股份有限公司或国家信息安全工程技术研究中心（其服务单位为百旺金赋公司）生产的税控专用设备。包括金税盘、税控盘、报税盘。依据《国家发展改革委关于完善增值税税控系统收费政策的通知》（发改价格〔2012〕2155号）规定：金税盘或税控盘每个490元，报税盘每个230元，技术维护费每户每年每套330

元。初次购买税控专用设备（包括分开票机）支付的费用和每年缴纳的技术维护费可依据《财政部、国家税务总局关于增值税税控系统专用设备和技术维护费用抵减增值税税额有关政策的通知》（财税〔2012〕15号）的规定在增值税应纳税额中全额抵减。

税控专用设备的发行。纳税人持购买的专用设备到主管国税机关办理初始发行，应提供以下资料：使用专用发票的，提供"准予税务行政许可决定书"；"增值税税控系统安装使用告知书"。

三是发票领取。已办理票种核定并发行税控专用设备的纳税人，可向主管税务机关领取增值税发票，应报送（验）的资料：税务登记证件（查验）；经办人身份证明；"发票领购簿"；税控专用设备（金税盘、税控盘）。

3. 金融业增值税发票开具

纳税人应在线开具发票，无法在线开票的，在税务机关设定的离线开票时限和离线开票金额范围内仍可开票，超限将无法开票。纳税人开具发票次月仍未联网上传已开发票数据的，也将无法开票。纳税人需联网上传发票，或携带专用设备到主管税务机关进行报税后方可开票。

一是折扣。纳税人发生应税行为，将价款和折扣额在同一张发票上分别注明的，以折扣后的价款为销售额；未在同一张发票上分别注明的，以价款为销售额，不得扣减折扣额。

二是发票作废。纳税人在开票当月发生销货退回、开票有误等情形，收到退回的发票联（专用发票含抵扣联），同时符合下列条件的，按作废处理：收到退回的发票联（专用发票含抵扣联）时间未超过开票当月；销售方未抄税；购买方未认证或者认证结果为"纳税人识别号认证不符""专用发票代码、号码认证不符"。

三是红字专用发票开具。纳税人发生应税行为，开具专用发票后，发生销货退回、销售折让、退回、开票有误、应税服务中止以及发票抵扣联、发票联均无法认证等情形但不符合作废条件，应当按照规定开具红字增值税专用发票；未按照规定开具红字增值税专用发票的，不得扣减销项税额或者销售额。

四是增值税专用发票代开。已办理税务登记的小规模纳税人，发生增值税应税行为、需要开具专用发票时，可向其主管税务机关申请代开专用发票。

4. 银行业获取有效的进项发票

银行业收入主要包括利息净收入、手续费及佣金净收入、投资净收益、汇兑净收益及其他业务净收益等。其中前两项为银行的核心业务，也是主要收入来源。对于利息净收入征税，从税法原理上讲，应对利息收入和利息支出分别逐笔确认销项税额和进项税额，进而计算应纳税额，但这样处理工作量大，成本高，也无法获得利息支出进项税抵扣的相关发票，难以操作。主管部门在金融业营改增时应该会考虑相关因素，可以采用简化处理方式，直接以利息净收入乘以税率得到应纳税额。当然如果银行可以对支付其他银行的利息以及支付给存款人的利息进行进项税额抵扣，那也可以按照一般征税法纳税。

营业支出主要包括营业税金及附加、业务及管理费用、资产减值损失和其他营业支出，其中业务及管理费用是银行业能够获得可抵扣进项税额的主要项目。这些项目营改增后在上游企业中也基本都缴纳了增值税，因此作为下游企业，银行外购商品或服务时，应严格把关上游企业能否开具有效的增值税专用发票，并及时获取增值税专用发票。

重视防范虚开发票引起的税收风险

营改增企业在增值税专用发票使用上的最大错误应该是虚开发票。虚开增值税专用发票不仅是发票管理办法和增值税专用发票使用规定严厉禁止的行为，也是《刑法》要严惩的犯罪行为，因此这个问题必须引起足够的重视。

1. 《刑法》中对虚开增值税专用发票罪的界定

目前，在刑事立法上，针对虚开增值税专用发票定罪量刑都较为严厉，也有统计显示，企业负责人涉税犯罪，70%以上涉及虚开增值税专用发票。按照《刑法》第二百零五条规定："对于触犯虚开增值税专用发票罪的单位，对单位判处罚金；并对直接负责的主管人员和其他直接责任人员，处三年以下有期徒刑或者拘役；虚开的税款数额较大或者有其他严重情节的，处三年以上十年以下有期徒刑；虚开的税款数额巨大或者有其他特别严重情节的，处十年以上有期徒刑或者无期徒刑。"

2. 如何防范虚开增值税专用发票

防范虚开增值税专用发票，要从"受票"和"开票"两个方面管控，做到不接收、不介绍、不开具，才能从根本上防范刑事风险的发生。因此，纳税人要提高对增值税专用发票重要性的认识，一方面要在内控机制上加强对增值税专用发票的严格管理，杜绝虚开发票情况的发生，如金融商品转让，不得开具增值税专用发票；另一方面取得增值税发票时提高防范意识，严格审查发票的真伪、货物来源、发票来源的合法性、销货方的纳税人资格等，对存在疑点的发票可暂缓付款或暂缓申报抵扣其中的进项税金，待查证后再做处理，力求提前防范涉税风险。

代开发票的主体和机关

申请代开发票的主体是纳税人，代开发票的机关包括不动产所在地的地税机关和异地国税机关。

1. 哪些纳税人可以申请代开

营改增的新政体现在专用发票的代开上。一般而言，只有小规模纳税人才可以申请代开专用发票，其他个人不能申请代开专用发票。比如新《营业税改征增值税试点实施办法》第五十四条规定："小规模纳税人发生应税行为，购买方索取增值税专用发票的，可以向主管税务机关申请代开。"《国家税务总局关于营业税改征增值税委托地税局代征税款和代开增值税发票的通知》（税总函〔2016〕145号）规定"增值税小规模纳税人销售其取得的不动产以及其他个人出租不动产，购买方或承租方不属于其他个人的，纳税人缴纳增值税后可以向地税局申请代开增值税专用发票"，突破了这一惯例，将专用发票代开范围扩大到出租不动产的其他个人。

2. 向哪个税务机关申请代开

（1） 不动产所在地地税机关可以代开增值税发票

根据《国家税务总局关于营业税改征增值税委托地税机关代征税款和代开增值税发票的公告》（国家税务总局公告 2016 年第 19 号），税务总局决定"营业税改征增值税后由地税机关继续受理纳税人销售其取得的不动产和其他个人出租不动产的申报缴税和代开增值税发票业务，以方便纳税人办税"。《纳税人转让不动产增值税征收管理暂行办法》（国家税务总局公告 2016 年第 14 号）："小规模纳税人转让其取得的不动产，不能自行开具增值税发票的，可向不动产所在地主管地税机关申请代开。"《纳税人提供不动产经营租赁服务增值税征收管理暂行办法》（国家税务总局公告 2016 年第 16 号）第十一条："其他个人出租不动产，可向不动产所在地主管地税机关申请代开增值税发票。"纳税人销售其取得的不动产和其他个人出租不动产应向不动产所在地的地税机关申请代开增值税发票业务。

（2） 国税机关可以异地代开增值税发票

《纳税人跨县（市、区）提供建筑服务增值税征收管理暂行办法》（国家税务总局公告 2016 年第 17 号）第九条："小规模纳税人跨县（市、区）提供建筑服务，不能自行开具增值税发票的，可向建筑服务发生地主管国税机关按照其取得的全部价款和价外费用申请代开增值税发票。"据此，国税机关可以为跨县（市、区）提供建筑服务小规模纳税人提供异地代开业务，而且代开金额为其取得的全部价款和价外费用。

营改增发票使用的"过渡期"

由于金融业的行业特殊性，真正要把金融业完整纳入增值税改革范围，在世界范围内都是个难题。这也决定了这次出台的营改增试点实施办法和相关规定具有较强的过渡性特征，而对金融业来说，营改增改革无疑将是个长期和渐进的过程。

首先，重复征税问题有待完全消除。本次营改增试点办法规定，贷款相关服务产生的利息、费用、佣金等支出均不得作为企业的进项抵扣税额。而且贷款服务利息收入的范围定义得相当宽泛，除一般贷款外，金融商品持有、信用卡透支、买入返售、融资融券、票据贴现、转贷、押汇、罚息等业务的利息收入都被归纳在内。这就意味着商业银行与其贷款服务相关的下游非金融企业的增值链条仍未被打通，下游企业理论上仍旧面临重复征税的问题。

其次，对银行业主要收入的征收方式与营业税制非常相似，方案对商业银行的利息收入，仍是按照毛利息征税，而不允许利息支出进行抵扣；对直接收费的金融服务全额征收；对金融同业往来收入利息收入免征增值税（此前就免营业税）；对金融商品转让按交易收益缴纳增值税，且卖方不可开具增值税发票。在利息支出不允许作为进项抵扣上，是否违反了增值税环环抵扣的本质内涵仍存争议；而金融商品转让是否应当豁免增值税，也一直值得讨论。

最后，本次试点办法对出口金融服务实行免税的范围较为有限，只限于货币资金融通及其他金融业务提供的直接收费金融服务（且与境内的货物、无形资产和不动产无关）。由于目前西方发达经济体均对金融出口服务实行零税率或免税服务，为加强中国银行业的国际竞争力，这部分继续改革仍有较大空间。

目前金融业信息化程度很高，对大型商业银行来说，可能有几百个业务系统、几万个相关产品需要进行营改增改造；除了 IT（信息技术）系统外，银行还需要在财务流程、人员配置、营改增培训等方面进行配套布置，这都不是短时期内能完成的，加之上述提到的方案中一些具有过渡性因素，金融业营改增试点可能还有较长的一段路要走。在这个"过渡期"，纳税人应关注涉及发票使用范围的两个问题。

1. 营改增后原营业税业务使用增值税发票

国家税务总局公告 2016 年 23 号规定："纳税人在地税机关已申报营业税未开具发票，2016 年 5 月 1 日以后需要补开发票的，可于 2016 年 12 月 31 日前开具增值税普通发票（税务总局另有规定的除外）。"《房地产开发企业销售自行开发的房地产项目增值税征收管理暂行办法》（国家税务总局公告 2016 年第 18 号）规定纳税人销售自行开发的房地产项目，其 2016 年 4 月 30

日前收取并已向主管地税机关申报缴纳营业税的预收款，未开具营业税发票的，可以开具增值税普通发票，不得开具或申请代开增值税专用发票。

如果采用这种模式，企业应注意四个问题：第一，除了纳税人销售自行开发的房地产项目，其他应税行为补开增值税发票有时间限制；第二，不允许开具专用发票的仅限于2016年4月30日前收取并已向主管地税机关申报缴纳营业税的部分，营改增后收取的符合规定的仍可以开具专用发票；第三，因为该项目仍不属于增值税应税行为，按原理不含增值税，开票金额应为原营业税的计税金额；第四，纳税人应在需要的时候向国税部门提交充分的材料证明该项目为2016年4月30日前收取并已向主管地税机关申报缴纳营业税。

2. 营改增后增值税业务使用营业税发票

国家税务总局公告2016年23号文规定自2016年5月1日起，地税机关不再向试点纳税人发放发票。但为继续使用营业税发票设定了过渡期：门票、过路（过桥）费发票、定额发票、客运发票和二手车销售统一发票继续使用，试点纳税人已领取地税机关印制的发票以及印有本单位名称的发票，可继续使用至2016年6月30日，特殊情况经省国税局确定，可适当延长使用期限，最迟不超过2016年8月31日。

对此，纳税人应关注"过渡期"涉及的票种，比如《山东省关于建筑业房地产业金融业和生活服务业实施营业税改征增值税后普通发票衔接管理有关事项的通告》（2016年第2号）规定建筑业统一发票、销售不动产统一发票、山东省地方税务局通用机打发票不得延续使用。同时也要关注"过渡期"的期限，比如《陕西省国家税务局关于全面推开营改增改革试点纳税人使用普通发票过渡事项的公告》规定地税监制的冠名普通发票和营利性医疗机构医疗费用专用发票使用期限延长到2016年10月31日，当属无效。

增值税专用发票开具应注意的问题

《增值税专用发票使用规定》第十一条专用发票应按下列要求开具：（一）项

目齐全，与实际交易相符；（二）字迹清楚，不得压线、错格；（三）发票联和抵扣联加盖财务专用章或者发票专用章；（四）按照增值税纳税义务的发生时间开具。对不符合上列要求的专用发票，购买方有权拒收。

增值税专用发票开具应注意以下几个问题。

1. 专用发票须认证，防止产生滞留票

不管是生产型的增值税，还是消费型的增值税，均要求增值税一般纳税人购进固定资产取得专用发票必须到主管国税机关进行认证，防止产生滞留票。对不允许抵扣固定资产的进项税额，其进项税额直接增加固定资产的成本即可。增值税转型后，增值税一般纳税人购进机器设备等固定资产的进项税额允许从销项税额中抵扣，应征消费税的小汽车、摩托车、游艇，以及房屋、建筑物等不动产仍然被排除在允许抵扣范围之外。

2. 必须按规定的时限开具增值税专用发票

增值税一般纳税人必须按规定的时限开具增值税专用发票，不得提前或滞后。如采用预收货款、托收承付、委托银行收款结算方式的为货物发出的当天；采用交款提货结算方式的为收到货款的当天；采用赊销及分期付款结算方式的，为合同约定的收款日期的当天；将货物交付他人代销为收到委托人送交的代销清单的当天；将货物作为投资提供给其他单位或个体经营者为货物移送的当天；将货物分配给股东，为货物移送的当天。纳税人除按规定时限开具增值税专用发票外，开具增值税专用发票还必须符合字迹清楚、不得在专用发票的任何处涂改，发票上的各个项目栏均应填写齐全且正确无误，发票必须全部联次一次填开、上下联的内容和金额必须一致并加盖财务专用章或发票专用章等要求，否则购货方不允许扣除进项税额。

3. 通过防伪税控系统来开具增值税专用发票

凡经认定为增值税一般纳税人的企业，必须通过防伪税控系统来开具增值税专用发票。非防伪税控系统开具的增值税专用发票不得申报抵扣进项税额。正常经营的一般纳税人领用增值税专用发票虽然没有规定使用期限，但被取消一般纳税人资格的纳税人必须及时向主管国税机关缴销专用发票（包

括空白专用发票和已使用过的专用发票存根联）；一般纳税人发生转业、改组、合并、分立、联营等情况，也必须在变更税务登记的同时，向主管国税机关缴销专用发票（包括空白专用发票和已使用过的专用发票存根联）。

4. 专用发票申报抵扣时间仅限于当月

增值税一般纳税人认证通过的防伪税控系统开具的增值税专用发票申报抵扣时间仅限于当月，而且必须在认证通过的当月按照增值税有关规定核算当期进项税额，否则不予抵扣。对于上月认证通过的增值税专用发票如果上月没有申报抵扣，通常情况下在本月是不能抵扣进项税额的。一般纳税人将外购货物作为实物投资入股，或是无偿赠送给他人，如果被投资者或者受赠者是一般纳税人，可按规定开具增值税专用发票给被投资方，或者根据受赠者的要求开具专用发票。

第六章

金融业营改增后会计账务处理及注意事项

金融行业长期以来都属于营业税的纳税范围，而营改增后对于增值税的核算普遍比较生疏。事实上，增值税的核算比营业税的核算要复杂得多。这就需要金融企业了解营改增后的会计核算变化，在实务中一定要做好会计科目、差额征税、视同销售业务、不动产的增值税、不得抵扣进项税项目、应交税费——应交增值税的月末结转等账务处理。

金　融　行　业　营　改　增　实　战　全　攻　略

营业税与增值税会计核算差异

营改增后，金融企业的营业税核算和增值税核算出现以下差异。

1. 会计账户设置不同

营业税和增值税均通过"应交税费"一级科目进行核算。但是营业税会计核算只在应交税费下设置一个二级科目："应交税费——应交营业税"。而增值税会计核算则在一级科目下设置多个二级科目。根据国家相关法律法规的规定，为准确反映增值税的发生、缴纳、待抵扣进项税额和检查调整情况，一般纳税人应在"应交税费"一级科目下设五个二级科目进行核算："应交增值税""未交增值税""待抵扣进项税额""增值税留抵税额""增值税检查调整"。同时每个二级科目下还需根据要求设置多个三级科目。

2. 会计核算分类不同

营业税的税目是按行业进行设置的，其相应的会计核算也要根据行业进行相应的处理，包括建筑业营业税的会计处理、房地产开发企业营业税的会计处理、金融企业营业税的会计处理、旅游服务业营业税的会计处理、转让无形资产营业税的会计处理、销售不动产营业税的会计处理、租赁业务营业税的会计处理。比如同样是计提缴纳营业税，建筑业可能普遍存在先预缴、后计提的情形，从而导致"应交税费——应交营业税"科目会出现借方余额。而其他行业甚少出现这种情况，相应业务的会计处理也有所不同。增值税的会计处理则没有行业的区别，采用的会计处理规则都是统一的。

3. 会计核算体现的内涵不同

营业税是价内税，主要通过"营业税金及附加"科目进行归集。该科目是个损益类科目，直接计入当期损益，该项数据在企业利润表中"主营业务税金及附加"栏显示。而增值税是个价外税，企业收入中不含销项税额，营业成本中也不含进项税额，缴纳的增值税不构成企业利润表中任何一项。换句话说，增值税的计算与缴纳，均与利润表不直接相关。增值税主要是在资产负债表中体现，应付增值税的多少，体现的是企业负债的多寡。

4. 会计核算的特点不同

"应交税费——应交营业税"核算应交营业税的发生、缴纳情况。该科目贷方登记应缴纳的营业税，借方登记已缴纳的营业税，期末贷方余额为尚未缴纳的营业税。

比如，某银行缴纳上月营业税2.3万元，本月营业收入50万元，应缴纳营业税2.5万元。其"应交税费——应交营业税"当月发生情况如下：

根据上述"T"字账户模拟的会计记账情况，可以看出该账户清晰地反映了该公司营业税应交（本月应交2.5万元）、已交（本月缴纳上月营业税2.3万元）、未交（当月应交未交2.5万元，需下月缴纳）情况。

在增值税科目下，情况却要复杂得多。没有任何一个单独的科目能够反映增值税的应交、已交、未交情况，必须结合多个二级和三级科目分析才能清晰知道纳税人增值税实现、缴纳、欠交、留抵等状态。

会计科目设置及会计处理

营改增后的会计科目设置和会计处理都有一定的变化，这是金融企业会计核算必须明确的。下面具体说说这两个方面的变化及采取的有关办法。

1. 会计科目设置

（1）一般纳税人增值税会计科目设置

一般纳税人应在"应交增值税"多栏式明细账中，应设置"进项税额""已交税金""销项税额""出口退税""进项税额转出""出口抵减内销应纳税额""转出未交增值税"和"转出多交增值税""进项税额转入""营改增抵减的销项税额"等专栏。如表 6 - 1 所示。

表 6 - 1　　　　　"应交税费"科目下借方和贷方的明细科目设置

专　栏	内　容
"进项税额"专栏	记录企业购进货物、劳务、不动产、无形资产或接受应税服务支付的、准予从销项税额中抵扣的增值税额。企业购入的进项税额，用蓝字登记；销售退回应冲销的进项税额，用红字登记
"已交税金"专栏	记录企业已缴纳的增值税额。企业已缴纳的增值税额用蓝字登记；退回多缴的增值税额用红字登记
"销项税额"专栏	记录企业销售货物、劳务、无形资产、不动产或提供应税服务应收取的增值税额。企业收取的销项税额，用蓝字登记；销售退回应冲减的销项税额，用红字登记
"出口退税"专栏	记录企业出口适用零税率的应税行为，向海关办理报关出口手续后，凭出口报关单等有关凭证，向税务机关申报办理出口退税而收到的退回的税款。出口货物退回的增值税额，用蓝字登记；出口货物办理退税后发生退货或者退关而补缴的已退的税款，用红字登记
"进项税额转出"专栏	记录企业发生非正常损失、用于免税、简易计税、集体福利等不得抵扣的进项税额不应从销项税额中抵扣，按规定转出的进项税额
"出口抵减内销应纳税额"专栏	记录企业按免抵退税规定计算的向境外单位提供适用增值税零税率应税服务的当期应免抵税额
"转出未交增值税"和"转出多交增值税"专栏	分别记录一般纳税企业月终转出未交或多交的增值税
"进项税额转入"专栏	核算原用于免税、简易计税、集体福利的按照《试点实施办法》第二十七条第（一）项规定不得抵扣且未抵扣进项税额的固定资产、无形资产、不动产，发生用途改变，用于允许抵扣进项税额的应税项目，可在用途改变的次月计算可以抵扣的进项税额
"营改增抵减的销项税额"专栏	核算差额征税的试点纳税人本期从销售额中扣减的、购进应税服务按适用税率计算的销项税额

（2） 小规模纳税人增值税会计科目设置

小规模纳税人应在"应交税费"科目下设置"应交增值税"明细科目，不需要再设置上述专栏。

2. 营改增纳税人一般会计处理方法

（1） 对 "一般纳税人" 的日常处理

一般纳税人国内采购的货物或接受的应税劳务和应税服务，取得的增值税扣税凭证，按税法规定符合抵扣条件可在本期申报抵扣的进项税额。借记"应交税费——应交增值税（进项税额）"科目，按应计入相关项目成本的金额，借记"材料采购""商品采购""原材料""制造费用""管理费用""营业费用""固定资产""主营业务成本""其他业务成本"等科目，按照应付或实际支付的金额，贷记"应付账款""应付票据""银行存款"等科目。购入货物发生的退货或接受服务中止，做相反的会计分录。

一般纳税人提供应税服务，按照确认的收入和按规定收取的增值税额，借记"应收账款""应收票据""银行存款"等科目，按照按规定收取的增值税额，贷记"应交税费——应交增值税（销项税额）"科目，按确认的收入，贷记"主营业务收入""其他业务收入"等科目。发生的服务中止或折让，做相反的会计分录。

（2） 增值税期末留抵税额的会计处理

开始试点当月月初，企业应按不得从应税服务的销项税额中抵扣的增值税留抵税额，借记"应交税费——增值税留抵税额"科目，贷记"应交税费——应交增值税（进项税额转出）"科目。待以后期间允许抵扣时，按允许抵扣的金额，借记"应交税费——应交增值税（进项税额）"科目，贷记"应交税费——增值税留抵税额"科目。

（3） 差额征税的会计处理

一是一般纳税人差额征税的会计处理。企业接受应税服务时，按规定允许扣减销售额而减少的销项税额，借记"应交税费——应交增值税（营改增抵减的销项税额）"科目，按实际支付或应付的金额与上述增值税额的差额，借记"主营业务成本"等科目，按实际支付或应付的金额，贷记"银行存款""应付账款"等科目。对于期末一次性进行账务处理的企业，期末，按规定当期允许扣减销售额而减少的销项税额，借记"应交税费——应交增值税（营改增抵减的销项税额）"科目，贷记"主营业务成本"等科目。

二是小规模纳税人差额征税的会计处理。企业接受应税服务时，按规定允许扣减销售额而减少的应交增值税，借记"应交税费——应交增值税"科目，按实际支付或应付的金额与上述增值税额的差额，借记"主营业务成本"等科目，按实际支付或应付的金额，贷记"银行存款""应付账款"等科目。对于期末一次性进行账务处理的企业，期末，按规定当期允许扣减销售额而减少的应交增值税，借记"应交税费——应交增值税"科目，贷记"主营业务成本"等科目。

（4）增值税税控系统专用设备和技术维护费用抵减增值税额的会计处理

一是一般纳税人的相关会计处理。企业购入增值税税控系统专用设备，按实际支付或应付的金额，借记"固定资产"科目，贷记"银行存款""应付账款"等科目。按规定抵减的增值税应纳税额，借记"应交税费——应交增值税（减免税款）"科目，贷记"递延收益"科目。按期计提折旧，借记"管理费用"等科目，贷记"累计折旧"科目；同时，借记"递延收益"科目，贷记"管理费用"等科目。企业发生技术维护费，按实际支付或应付的金额，借记"管理费用"等科目，贷记"银行存款"等科目。按规定抵减的增值税应纳税额，借记"应交税费——应交增值税（减免税款）"科目，贷记"管理费用"等科目。

例如，2016年5月，A企业首次购入增值税税控系统设备，支付价款490元，同时支付当年增值税税控系统专用设备技术维护费330元。当月两项合计抵减当月增值税应纳税额820元。

首次购入增值税税控系统专用设备：

借：固定资产——税控设备　　　　　　　　　　　　　　490

　　　贷：银行存款　　　　　　　　　　　　　　　　　490

发生防伪税控系统专用设备技术维护费：

借：管理费用　　　　　　　　　　　　　　　　　　　330

　　　贷：银行存款　　　　　　　　　　　　　　　　　330

抵减当月增值税应纳税额：

借：应交税费——应交增值税（减免税款）　　　　　　　820

　　贷：管理费用　　　　　　　　　　　　　　　　　　330

　　　　递延收益　　　　　　　　　　　　　　　　　　490

以后各月计提折旧时（按3年，残值10%举例）：

借：管理费用　　　　　　　　　　　　　　　　　　　12.25

　　贷：累计折旧　　　　　　　　　　　　　　　　　　12.25

借：递延收益　　　　　　　　　　　　　　　　　　　12.25

　　贷：管理费用　　　　　　　　　　　　　　　　　　12.25

二是小规模纳税人相关会计处理。这方面主要是直接冲减"应交税费——应交增值税"科目。企业购入增值税税控系统专用设备，按实际支付或应付的金额，借记"固定资产"科目，贷记"银行存款""应付账款"等科目。按规定抵减的增值税应纳税额，借记"应交税费——应交增值税"科目，贷记"递延收益"科目。按期计提折旧，借记"管理费用"等科目，贷记"累计折旧"科目；同时，借记"递延收益"科目，贷记"管理费用"等科目。企业发生技术维护费，按实际支付或应付的金额，借记"管理费用"等科目，贷记"银行存款"等科目。按规定抵减的增值税应纳税额，借记"应交税费——应交增值税"科目，贷记"管理费用"等科目。

实例解析差额征税账务处理方法

营改增后，许多纳税人在账务处理过程中都会疑惑，差额征税政策下，差额扣除的部分到底是增加收入还是减少成本呢？下面实例解析差额征税账务处理方法。

某一般纳税人金融业公司共收取价款106万元，其中扣除项目63.6万元，税率6%，不考虑其他因素。假设根据当地税务机关的规定，该金融业公司采取"差额开票"方式，含税金额106万元，增值税额＝（106－63.6）÷（1＋6%）×6%＝2.4（万元），不含税金额＝106－2.4＝103.6（万元）。受票方只能抵扣差额征税后的2.4万元。对此有以下两种账务处理方式。

1. 差额扣除部分抵减成本

根据《财政部关于印发〈营业税改征增值税试点有关企业会计处理规定〉的通知》（财会〔2012〕13 号）（下称 13 号文）对于差额征税账务处理的规定：

对于一般纳税人，在"应交税费——应交增值税"科目下增设"营改增抵减的销项税额"专栏，用于记录该企业因按规定扣减销售额而减少的销项税额。

企业接受应税服务时，按规定允许扣减销售额而减少的销项税额，借记"应交税费——应交增值税（营改增抵减的销项税额）"科目，按实际支付或应付的金额与上述增值税额的差额，借记"主营业务成本"等科目，按实际支付或应付的金额，贷记"银行存款""应付账款"等科目。

说明，小规模纳税人只是用应缴税费——应交增值税代替，此略。

账务处理如下：

借：主营业务成本　　　　　　　　　　　　　　636000
　　贷：应付账款　　　　　　　　　　　　　　　　636000
借：应缴税费——应交增值税（营改增抵减的销项税额）36000
　　贷：主营业务成本　　　　　　　　　　　　　　36000
借：银行存款　　　　　　　　　　　　　1060000
　　贷：主营业务收入　　　　　　　　　　　　1000000
　　　　应缴税费——应交增值税（销项税额）　　　60000

2. 差额扣除部分增加收入

账务处理如下：

借：主营业务成本　　　　　　　　　　　　　　636000
　　贷：应付账款　　　　　　　　　　　　　　　　636000
借：银行存款　　　　　　　　　　　　　1060000
　　贷：主营业务收入　　　　　　　　　　　　1036000

应缴税费——应交增值税（销项税额）　　　　　　24000

3. 上述两种方式比较分析

第一种，成本 60 万元，收入 100 万元，利润 40 万元，销项税额 6 万元，抵减税额 3.6 万元，应纳税额 2.4 万元；第二种，成本 63.6 万元，收入 103.6 万元，利润 40 万元，销项税额 2.4 万元，应纳税额 2.4 万元。哪一种是真实反映业务实质的？分析如下：

先看统算。收取款项 106 万元，缴纳增值税 2.4 万元，剩余金额为 106 - 2.4 = 103.6（万元）。发票上也显示不含税金额为 103.6 万元。

从该角度出发，似乎应确认收入 103.6 万元和销项税额 2.4 万元。但是从增值税销售额的实质含义角度出发，则不然。

增值税的销售额是价税分离体系，比如采购含税金额为 63.6 万元，取得专票，其中的"价" = 63.6 ÷（1 + 6%）= 60（万元），"税" = 60 × 6% = 3.6（万元）。对于纳税人来讲，成本金额为 60 万元，因为税额 3.6 万元，用于抵扣销项税额，因此不能重复计入成本，这个大家都比较好理解。

回到上例，该金融业公司采购金额为 63.6 万元，其中的 3.6 万元部分用来抵减销项税额，实际上起到了一个进项税的作用，相同的道理，这里的 3.6 万元就不能重复作为成本处理，因为其已经抵减了销项税额，我们不能认为抵扣销项税的进项税不作为成本，而抵减销项税额的部分就作为成本，两者并无本质的区别。

再看收入。销售额 106 万元，其中的"价"100 万元，"税"6 万元，即销项税额为 6 万元。纳税人应向税务机关缴纳 6 万元增值税，但是因为有进项税或抵减的税额 3.6 万元，只需缴纳 2.4 万元，但不能因为应纳税额是 2.4 万元，就确认销项税额 2.4 万元，收入 103.6 万元。

这里，很多纳税人被 2.4 万元的"销项税额"迷惑了。追根溯源，为什么会有差额征税政策？根本原因是增值税是"增值"的税，成本部分不能取得进项，就成了全额缴纳增值税，而不是"增值"税。在征管形式上，无法取得增值税专用发票等扣税凭证，不能用进项税的抵扣形式申报，所以采取了从销项税额中抵减的办法，即以"抵减"的形式行"抵扣"之实。其实我们只要把"抵减"的 3.6 万元税额，改成"抵扣"的税额，其结果就非常明显了。

通过以上的比较分析，13 号文对于差额征税的账务处理规定，符合业务实质，准确地核算了相关成本收入等项目，对于差额征税的账务处理，应遵循其规定。

视同销售业务的账务处理方法

视同销售行为，全称"视同销售货物行为"，意为其不同于一般销售，是一种特殊的销售行为，只是在税收的角度为了计税的需要而将其称为"视同销售"。

1. 视同销售的概念

视同销售是指在会计上不作为销售核算，而在税收上作为销售，确认收入计缴税金的商品或劳务的转移行为。

视同销售，在增值税、企业所得税和会计上都有视同销售的概念，但是它们的范围是不同的。增值税上的视同销售，本质为增值税"抵扣进项并产生销项"的链条终止，比如将货物用于非增值税项目，用于个人消费或者职工福利等，而会计上没有做销售处理；企业所得税上的视同销售，代表货物的权属发生转移，而会计上没有做收入处理会计上的视同销售，是指没有产生收入但是视同产生收入了。

2. 总结 8 种视同销售账务处理方法

税法上的"视同销售"是指根据《增值税暂行条例实施细则》的 8 种视同销售行为，以及根据《企业所得税法实施条例》规定的视同销售行为。现实中，视同销售行为一直存在着各种各样的争议，是很多财务人员感到比较纠结的问题。下面将税法规定的 8 种视同销售情况分享。如表 6 - 2 所示。

表 6 – 2   8 种视同销售账务处理方法

序 号	内 容
1	货物交付他人代销。委托方的处理，视同买断方式下一般在发出商品时确认收入；收取手续费方式下在收到受托方开来的代销清单时确认收入
2	销售代销货物。受托方的处理，按收取的手续费确认收入
3	设有两个以上机构并实行统一核算的纳税人，将货物从一个机构移送至其他机构用于销售，但相关机构设在同一县（市）的除外
4	将自产、委托加工的货物用于非应税项目。借：在建工程。贷：库存商品。应交税费——应交增值税（销项税额）
5	将自产、委托加工或购买的货物用于投资。借：长期股权投资。贷：主营业务收入或其他业务收入。应交税费——应交增值税（销项税额）
6	将自产、委托加工或购买的货物分配给股东或投资者。借：应付股利。贷：主营业务收入。应交税费——应交增值税（销项税额）
7	将自产、委托加工的货物用于集体福利或个人消费。借：应付职工薪酬。贷：主营业务收入。应交税费——应交增值税（销项税额）。（《企业会计准则讲解》应付职工薪酬处，"企业以自产产品作为非货币性福利提供给职工的，相关收入的确认、销售成本的结转和相关税费的处理，与正常商品销售相同"。）
8	将自产、委托加工或购买的货物无偿赠送他人。借：营业外支出。贷：库存商品。应交税费——应交增值税（销项税额）

以上 8 种情况中，情况 3、4、8 不确认收入，其他的情况都要确认收入。

注意：按照税法的规定，自产、委托加工或外购的产品用于非货币性资产交换和债务重组，不属于视同销售，而是销售行为，对于这两项业务会计上也是要确认收入的。

3. 视同销售确认收入的财税处理技巧

视同销售是指在会计上不作为销售核算，而在税收上作为销售，确认收入计缴税金的商品或劳务的转移行为。

若无销售额，按照下列顺序确定销售额：当月同类货物的平均销售价格；最近时期同类货物的平均销售价格；组成计税价格公式是，组成计税价格 = 成本×（1＋成本利润率）＋消费税税额。

根据《中华人民共和国增值税暂行条例实施细则》规定，单位或个体经营者的下列行为，视同销售货物：将货物交付他人代销；销售代销货物；设有两个以上机构并实行统一核算的纳税人，将其货物从一个机构移送其他机构用于销售，但相关机构设在同一县（市）的除外；将自产或委托加工的货物用于非应税项目；将自产、委托加工或购买的货物作为投资，提供给其他单位或个体经营者；将自产、委托加工或购买的货物分配给股东或投资者；将自产、委托加工的货物用于集体福利或个人消费；将自产、委托加工或购买的货物无偿赠送他人。

根据《中华人民共和国企业所得税法实施条例》规定："企业发生非货币性资产交换，以及将货物、财产、劳务用于捐赠、偿债、赞助、集资、广告、样品、职工福利或者利润分配等用途的，应当视同销售货物、转让财产或者提供劳务，但国务院财政、税务主管部门另有规定的除外。"

企业用于市场推广或销售，用于交际应酬，用于职工奖励或福利，用于股息分配，用于对外捐赠及其他改变资产所有权属的用途，因资产所有权属已发生改变而不属于内部处置资产，应按规定视同销售确定收入。

此外，新企业所得税法采用的是法人所得税的模式，因而对于货物在统一法人实体内部之间的转移，不再作为视同销售处理。六项不视同销售的情况如下：将资产用于生产、制造、加工另一产品；改变资产形状、结构或性能；改变资产用途（如自建商品房转为自用或经营）；将资产在总机构及其分支机构之间转移；上述两种或两种以上情形的混合；其他不改变资产所有权属的用途。

视同销售的情形不同，其主要差别为，增值税视同销售的货物有自产的、委托加工的、购买的；而企业所得税则主要对自产的产品才存在视同销售的问题。此外，增值税视同销售行为的外延也比企业所得税的要宽泛一些，企业应该区分同一种行为在增值税与企业所得税上的不同处理。另外要注意所得税处理时间。

关于职工福利视同销售会计处理上的问题，个人福利理解为用于个人消费，将货物发给职工个人，会计上需要做收入处理；如果是用于集体福利，如职工食堂或浴室领用了，会计上则不做收入处理。

营改增后涉及不动产的增值税会计处理

营改增后涉及不动产的增值税会计处理依据是 3 个文件，它们是《纳税人转让不动产增值税征收管理暂行办法》《不动产进项税额分期抵扣暂行办法》和《纳税人提供不动产经营租赁服务增值税征收管理暂行办法》，其涉税会计处理如下。

1. 《纳税人转让不动产增值税征收管理暂行办法》涉税会计处理

第一，一般纳税人转让其 2016 年 4 月 30 日前取得（不含自建）的不动产，可以选择适用简易计税方法计税，以取得的全部价款和价外费用扣除不动产购置原价或者取得不动产时作价后的余额为销售额，按照 5% 的征收率计算应纳税额。纳税人应按照上述计税方法向不动产所在地主管地税机关预缴税款，向机构所在地主管国税机关申报纳税。

应交增值税 = （全部价款和价外费用 - 不动产购置原价或者取得不动产时的作价）÷（1 + 5%）× 5%。

会计分录如下：

借：银行存款

　　贷：固定资产清理

　　　　应交税费——应交增值税（销项税额）

按上述税款在不动产所在地预交，会计处理：

借：应交税费——应交增值税（已交税金）

　　贷：银行存款

第二，一般纳税人转让其 2016 年 4 月 30 日前自建的不动产，可以选择适用简易计税方法计税，以取得的全部价款和价外费用为销售额，按照 5% 的征收率计算应纳税额。纳税人应按照上述计税方法向不动产所在地主管地税机关预缴税款，向机构所在地主管国税机关申报纳税。

应交增值税 = 全部价款和价外费用 ÷ （1 + 5%） × 5%。

会计分录如下：

借：银行存款

　　贷：固定资产清理

　　　　应交税费——应交增值税（销项税额）

按上述税款在不动产所在地预交，会计处理：

借：应交税费——应交增值税（已交税金）

　　贷：银行存款

第三，一般纳税人转让其2016年4月30日前取得（不含自建）的不动产，选择适用一般计税方法计税的，以取得的全部价款和价外费用为销售额计算应纳税额。纳税人应以取得的全部价款和价外费用扣除不动产购置原价或者取得不动产时的作价后的余额，按照5%的预征率向不动产所在地主管地税机关预缴税款，向机构所在地主管国税机关申报纳税。

应交增值税 = 全部价款和价外费用 ÷ （1 + 11%） × 11%。

会计分录如下：

借：银行存款

　　贷：固定资产清理

　　　　应交税费——应交增值税（销项税额）

不动产所在地应预交增值税 = （全部价款 + 价外费用 – 不动产购置原价或者取得不动产时的作价） ÷ （1 + 11%） × 5%。

借：应交税费——应交增值税——已交增值税

　　贷：银行存款

第四，一般纳税人转让其2016年4月30日前自建的不动产，选择适用一般计税方法计税的，以取得的全部价款和价外费用为销售额计算应纳税额。纳税人应以取得的全部价款和价外费用，按照5%的预征率向不动产所在地主管地税机关预缴税款，向机构所在地主管国税机关申报纳税。

应交增值税 = 全部价款和价外费用 ÷ （1 + 11%） × 11%。

会计分录如下：

借：银行存款

 贷：固定资产清理

  应交税费——应交增值税（销项税额）

不动产所在地应预交增值税＝全部价款和价外费用÷（1＋11%）×5%。

会计处理：

借：应交税费——应交增值税——已交增值税

 贷：银行存款

第五，一般纳税人转让其 2016 年 5 月 1 日后取得（不含自建）的不动产，适用一般计税方法的，以取得的全部价款和价外费用为销售额计算应纳税额。纳税人应以取得的全部价款和价外费用扣除不动产购置原价或者取得不动产时作价后的余额，按照 5% 的预征率向不动产所在地主管地税机关预缴税款，向机构所在地主管国税机关申报纳税。

应交增值税＝全部价款和价外费用÷（1＋11%）×11%。

会计分录如下：

借：银行存款

 贷：固定资产清理

  应交税费——应交增值税（销项税额）

在不动产所在地应预交增值税＝（全部价款和价外费用－不动产购置原价或者取得不动产时的作价）÷（1＋11%）×5%。

预交时：

借：应交税费——应交增值税——已交增值税

 贷：银行存款

第六，一般纳税人转让其 2016 年 5 月 1 日后自建的不动产，适用一般计税方法，以取得的全部价款和价外费用为销售额计算应纳税额。纳税人应以取得的全部价款和价外费用，按照 5% 的预征率向不动产所在地主管地税机关预缴税款，向机构所在地主管国税机关申报纳税。

应交增值税＝全部价款和价外费用÷（1＋11%）×11%。

会计分录如下：

借：银行存款

　　贷：固定资产清理

　　　　应交税费——应交增值税（销项税额）

在不动产所在地预交增值税＝全部价款和价外费用÷（1＋11%）×5%。

预交时：

借：应交税费——应交增值税——已交增值税

　　贷：银行存款

2. 《不动产进项税额分期抵扣暂行办法》涉税会计处理

第一，一般纳税人2016年5月1日后取得并在会计制度上按固定资产核算的不动产，以及2016年5月1日后发生的不动产在建工程，其进项税额应按照本办法有关规定分两年从销项税额中抵扣，第一年抵扣比例为60%，第二年抵扣比例为40%。

2016年5月1日后购进货物和设计服务、建筑服务，用于新建不动产，或者用于改建、扩建、修缮、装饰不动产并增加不动产原值超过50%的，其进项税额依照本办法有关规定分两年从销项税额中抵扣。

会计处理如下：

一是取得增值税专用发票认证当月会计分录如下：

借：固定资产或在建工程

　　应交税费——应交增值税（进项税额的60%）

　　应交税费——应交增值税（待抵扣进项税的40%）——××项目

　　贷：银行存款（或应付账款）

二是第十三个月会计分录如下：

借：应交税费——应交增值税（进项税额的40%）

　　贷：应交税费——应交增值税（待抵扣进项税的40%）——××

　　　　项目

第二，购进时已全额抵扣进项税额的货物和服务，转用于不动产在建工程的，其已抵扣进项税额的40%部分，应于转用的当期从进项税额中扣减，计入待抵扣进项税额，并于转用的当月起第十三个月从销项税额中抵扣。

会计处理如下：

一是转用当月会计分录如下：

借：在建工程——××项目

　　应交税费——应交增值税（进项税额的40%）（红字）

　　应交税费——应交增值税（待抵扣进项税的40%）——××项目

　　贷：原材料（或库存商品）

二是转用的第十三个月会计分录如下：

借：应交税费——应交增值税（进项税额的40%）

　　贷：应交税费——应交增值税（待抵扣进项税的40%）——××
　　　　项目

第三，已抵扣进项税额的不动产，发生非正常损失，或者改变用途，专用于简易计税方法计税项目、免征增值税项目、集体福利或者个人消费的，按照下列公式计算不得抵扣的进项税额：

不得抵扣的进项税额 =（已抵扣进项税额 + 待抵扣进项税额）×不动产净值率。

不动产净值率 =（不动产净值÷不动产原值）×100%。

不得抵扣的进项税额小于或等于该不动产已抵扣进项税额的，应于该不动产改变用途的当期，将不得抵扣的进项税额从进项税额中扣减。

不得抵扣的进项税额大于该不动产已抵扣进项税额的，应于该不动产改变用途的当期，将已抵扣进项税额从进项税额中扣减，并从该不动产待抵扣进项税额中扣减不得抵扣进项税额与已抵扣进项税额的差额。

会计处理如下：

一是发生非正常损失当月会计分录如下：

借：固定资产清理

　　累计折旧

　　贷：固定资产

二是同时做进项税额转出（小于或等于已抵扣进项税额数）。

借：固定资产清理

　　贷：应交税费——应交增值税（进项税额转出）（按实际计算的不得抵扣数额）

三是同时做进项税额转出（大于已抵扣进项税额数）

借：固定资产清理

　　贷：应交税费——应交增值税——进项税额转出（已抵扣数）

　　　　应交税费——应交增值税——待抵扣进项税（差）——××项目

第四，不动产在建工程发生非正常损失的，其所耗用的购进货物、设计服务和建筑服务已抵扣的进项税额应于当期全部转出；其待抵扣进项税额不得抵扣。

会计处理如下：

借：待处理财产损溢——待处理××

　　贷：在建工程——××项目

　　　　应交税费——应交增值税（进项税额转出）

　　　　应交税费——应交增值税（待抵扣进项税）——××项目

第五，按照规定不得抵扣进项税额的不动产，发生用途改变，用于允许抵扣进项税额项目的，按照下列公式在改变用途的次月计算可抵扣进项税额。

会计处理如下：

一是根据改变用途次月计算的可抵扣税额做分录如下：

借：应交税费——应交增值税（进项税的60%）

　　应交税费——应交增值税（待抵扣进项税的40%）——××项目

　　贷：固定资产——××项目

二是改变用途次月的第十三个月会计分录如下：

借：应交税费——应交增值税（进项税额的40%）

　　贷：应交税费——应交增值税（待抵扣进项税的40%）——××项目

3. 《纳税人提供不动产经营租赁服务增值税征收管理暂行办法》涉税会计处理

第一，一般纳税人出租其 2016 年 4 月 30 日前取得的不动产，可以选择适用简易计税方法，按照 5% 的征收率计算应纳税额。

不动产所在地与机构所在地不在同一县（市、区）的，纳税人应按照上述计税方法向不动产所在地主管国税机关预缴税款，向机构所在地主管国税机关申报纳税。

不动产所在地与机构所在地在同一县（市、区）的，纳税人向机构所在地主管国税机关申报纳税。

会计处理如下：

一是计算应纳增值税：

应纳增值税 = 含税租赁收入 ÷（1 + 5%）× 5%。

二是会计分录如下：

借：银行存款

　　贷：其他业务收入

　　　　应交税费——应交增值税（销项税额）

在不动产所在地，按上述税款全额预交：

借：应交税费——应交增值税（已交税金）

　　贷：银行存款

第二，一般纳税人出租其 2016 年 5 月 1 日后取得的不动产，适用一般计税方法计税。

不动产所在地与机构所在地不在同一县（市、区）的，纳税人应按照 3% 的预征率向不动产所在地主管国税机关预缴税款，向机构所在地主管国税机关申报纳税。

不动产所在地与机构所在地在同一县（市、区）的，纳税人应向机构所在地主管国税机关申报纳税。

会计处理如下：

计算应纳增值税和预缴税款。

应纳增值税＝含税租赁收入÷（1＋11%）×11%。

不动产所在地应预缴税款＝含税租赁收入÷（1＋11%）×3%。

会计分录如下：

计提增值税时：

借：银行存款

　　贷：其他业务收入

　　　　应交税费——应交增值税（销项税）

在不动产所在地预缴时：

借：应交税费——应交增值税——已交增值税

　　贷：银行存款

不得抵扣进项税项目的账务处理

这一节先来汇总一下营改增全面实施后增值税纳税人到底哪些进项税额不得抵扣，然后探讨营改增后不得抵扣进项税额的3种处理方法。

1. 营改增后不得抵扣的进项税额的相关规定

营改增政策规定的不得抵扣的进项税额包括以下7个方面。

（1）纳税人身份不得抵扣进项税额

如表6－3所示。

表6－3　　　　　　　纳税人身份不得抵扣进项税额的规定

序　号	内　容
1	增值税小规模纳税人购进货物、加工修理修配劳务、服务、无形资产和不动产
2	一般纳税人会计核算不健全，或者不能够提供准确税务资料的
3	增值税一般纳税人在以小规模人身份经营期（新开业申请增值税一般纳税人认定受理审批期间除外）购进的货物或应税劳务取得的增值税发票，其进项税额不允许抵扣

续　表

序　号	内　容
4	增值税一般纳税人从小规模纳税人购进货物或者应税劳务取得的普通发票（购进农产品除外）不允许抵扣进项税额
5	增值税纳税人在认定批准的月份（新开业批准为增值税一般纳税人的除外）取得的增值税发票不允许抵扣进项税额
6	应当办理一般纳税人资格登记而未办理的

（2）扣税凭证问题不得抵扣进项税额

如表 6 - 4 所示。

表 6 - 4　　　　　　　　扣税凭证问题不得抵扣进项税额的规定

序　号	内　容
1	纳税人取得的增值税扣税凭证不符合法律、行政法规或者国家税务总局有关规定的，其进项税额不得从销项税额中抵扣。增值税扣税凭证，是指增值税专用发票、海关进口增值税专用缴款书、农产品收购发票、农产品销售发票和完税凭证。纳税人凭完税凭证抵扣进项税额的，应当具备书面合同、付款证明和境外单位的对账单或者发票。资料不全的，其进项税额不得从销项税额中抵扣
2	增值税专用发票无法认证、纳税人识别号不符以及发票代码、号码不符等情况之一的，其进项税额不允许抵扣
3	开具错误的增值税发票不允许抵扣
4	增值税专用发票开出之日起，超过 180 天未认证的（因客观原因导致除外），不能抵扣。（国家税务总局公告 2011 年第 78 号）
5	虚开的增值税专用发票不得抵扣
6	票款不一致的增值税专用发票不得抵扣。纳税人购进货物、应税劳务或服务、无形资产、不动产的，支付运费，所支付款项的对象，必须与开具抵扣凭证的销货单位、提供劳务或服务等的单位一致，才能抵扣进项税额，否则不予抵扣
7	汇总开具增值税发票，没有销售清单不能抵扣
8	对开增值税专用发票不允许抵扣

（3） 非正常损失不得抵扣

非正常损失是指因管理不善造成货物被盗、丢失、霉烂变质，以及因违反法律法规造成货物或者不动产被依法没收、销毁、拆除的情形。如表6－5所示。

表6－5 非正常损失不得抵扣的规定

序　号	内　容
1	非正常损失的购进货物，以及相关的加工修理修配劳务和交通运输服务
2	非正常损失的在产品、产成品所耗用的购进货物（不包括固定资产）、加工修理修配劳务和交通运输服务
3	非正常损失的不动产，以及该不动产所耗用的购进货物、设计服务和建筑服务
4	非正常损失的不动产在建工程所耗用的购进货物、设计服务和建筑服务。纳税人新建、改建、扩建、修缮、装饰不动产，均属于不动产在建工程

（4） 用于最终消费 （负税人） 不得抵扣

如表6－6所示。

表6－6 用于最终消费（负税人）不得抵扣的规定

序　号	内　容
1	用于集体福利或者个人消费的购进货物、加工修理修配劳务、服务、无形资产和不动产
2	纳税人的交际应酬消费属于个人消费，进项税额不得抵扣
3	购进的旅客运输服务、贷款服务、餐饮服务、居民日常服务和娱乐服务，进项税额不得抵扣
4	纳税人接受贷款服务向贷款方支付的与该笔贷款直接相关的投融资顾问费、手续费、咨询费等费用，其进项税额不得从销项税额中抵扣

用于最终消费（负税人）不得抵扣的计算方法：

一是已抵扣进项税额的购进货物（不含固定资产）、劳务、服务，发生上述情形的，应当将该进项税额从当期进项税额中扣减；无法确定该进项税额的，按照当期实际成本计算应扣减的进项税额。其公式是：不得抵扣的进项税额＝实际成本×适用税率。

二是已抵扣进项税额的固定资产、无形资产或者不动产，发生上述规定情形的，按照下列公式计算不得抵扣的进项税额：不得抵扣的进项税额＝固定资产、无形资产或者不动产净值×适用税率。固定资产、无形资产或者不动产净值，是指纳税人根据财务会计制度计提折旧或摊销后的余额。

（5）用于简易计征办法和免税项目，不得抵扣

用于简易计税方法计税项目、免征增值税项目的购进货物、加工修理修配劳务、服务、无形资产和不动产。

简易计税方法的应纳税额，是指按照销售额和增值税征收率计算的增值税额，不得抵扣进项税额。应纳税额计算公式为：应纳税额＝不含税销售额×征收率。

一般计税方法的纳税人，兼营简易计税方法计税项目、免征增值税项目而无法划分不得抵扣的进项税额，按照下列公式计算不得抵扣的进项税额：不得抵扣的进项税额＝当期无法划分的全部进项税额×（当期简易计税方法计税项目销售额＋免征增值税项目销售额）÷当期全部销售额。

主管税务机关可以按照上述公式依据年度数据对不得抵扣的进项税额进行清算。

（6）采用差额征税的，允许扣减的款项中的进项税额不得扣除

如表6－7所示。

表6－7　　　　　　　　　　关于差额征收的规定

序　号	内　容
1	金融商品转让，按照卖出价扣除买入价后的余额为销售额
2	经纪代理服务，以取得的全部价款和价外费用，扣除向委托方收取并代为支付的政府性基金或者行政事业性收费后的余额为销售额
3	融资租赁和融资性售后回租业务差额计征
4	航空运输企业的销售额，不包括代收的机场建设费和代售其他航空运输企业客票而代收转付的价款
5	试点纳税人中的一般纳税人提供客运场站服务，以其取得的全部价款和价外费用，扣除支付给承运方运费后的余额为销售额

续　表

序　号	内　容
6	试点纳税人提供旅游服务，可以选择以取得的全部价款和价外费用，扣除向旅游服务购买方收取并支付给其他单位或者个人的住宿费、餐饮费、交通费、签证费、门票费和支付给其他接团旅游企业的旅游费用后的余额为销售额
7	房地产开发企业中的一般纳税人销售其开发的房地产项目（选择简易计税方法的房地产老项目除外），以取得的全部价款和价外费用，扣除受让土地时向政府部门支付的土地价款后的余额为销售额

（7）　需要知道的营改增后不能抵扣的 11 种发票

营改增实施后对于发票的抵扣有哪些影响呢？哪些发票将不能用于抵扣？下面为大家介绍。如表 6-8 所示。

表 6-8　　　　　　　　营改增后不能抵扣的 11 种发票

事　项	内　容
票款不一致不能抵扣	《国家税务总局关于加强增值税征收管理若干问题的通知》（国税发192号）第一条第（三）项规定："购进货物或应税劳务支付货款、劳务费用的对象。纳税人购进货物或应税劳务，支付运输费用，所支付款项的对象，必须与开具抵扣凭证的销货单位、提供劳务的单位一致，才能够申报抵扣进项税额，否则不予抵扣。"
对开发票不能抵扣	纳税人如果未能按规定开具红字发票，税务机关在有足够证据的情况下，可根据《发票管理办法》第三十六条规定，未按照规定开具发票的，由税务机关责令限期改正，没收非法所得，可以并处 1 万元以下的罚款
营改增前购买、税改后收到	营改增前签订的材料采购合同，已经履行合同，但建筑材料在营改增后才收到并用于营改增前未完工的项目，而且营改增后才付款给供应商而收到材料供应商开具的增值税专用发票
营改增前购买，税改后付款	营改增前采购的材料已经用于营改增前已经完工的工程建设项目，营改增后才支付采购款，而收到供应商开具的增值税专用发票
过渡期间的非工程采购	营改增之前采购的设备、劳保用品、办公用品并支付款项，但营改增后收到供应商开具的增值税专用发票

事　项	内　容
没有销售清单不能抵扣	没有供应商开具销售清单的开具"材料一批"、汇总运输发票、办公用品和劳动保护用品的发票。《国家税务总局关于修订〈增值税专用发票使用规定〉的通知》（国税发〔2006〕156号）第十二条规定：一般纳税人销售货物或者提供应税劳务可汇总开具专用发票。汇总开具专用发票的，同时使用防伪税控系统开具《销售货物或者提供应税劳务清单》，并加盖财务专用章或者发票专用章。因此，若没有供应商开具销售清单的开具"材料一批"、汇总运输发票、办公用品和劳动保护用品的发票，不可以抵扣进项税金
简易办法纳税人不得开具专用发票	《国家税务总局关于简并增值税征收率有关问题的公告》（国家税务总局公告2014年第36号）规定：一般纳税人销售自产的下列货物，可选择按照简易办法依照3%征收率计算缴纳增值税，同时不得开具增值税专用发票：建筑用和生产建筑材料所用的砂、土、石料；以自己采掘的砂、土、石料或其他矿物连续生产的砖、瓦、石灰（不含粘土实心砖、瓦）；商品混凝土（仅限于以水泥为原料生产的水泥混凝土）
职工福利的专用发票不得抵扣	《财政部、国家税务总局关于将铁路运输和邮政业纳入营业税改征增值税试点的通知》（财税〔2013〕106号）附件之《营业税改征增值税试点实施办法》第十条第（一）项规定，用于适用简易计税方法计税项目、非增值税应税项目、免征增值税项目、集体福利或者个人消费的购进货物、接受加工修理修配劳务或者应税服务的进项税额不得从销项税额中抵扣
非正常损失材料发票不得抵扣	《营业税改征增值税试点实施办法》第十条第（二）项规定，非正常损失的购进货物及相关的加工修理修配劳务和交通运输业服务的进项税额不得从销项税额中抵扣。第（三）项规定，非正常损失的在产品、产成品所耗用的购进货物（不包括固定资产）、加工修理修配劳务或者交通运输业服务的进项税额不得从销项税额中抵扣
自营建筑消耗的材料不得抵扣	房地产公司开发的开发产品，例如，商铺、商场、写字楼自己持有经营，此类开发产品以及自建工程所耗用的建筑材料和建筑公司提供的建筑劳务部分的进项税额不得从销项税额中抵扣
自超180天未认证的发票不得抵扣	《国家税务总局关于调整增值税扣税凭证抵扣期限有关问题的通知》（国税函〔2009〕617号）第一条规定，增值税一般纳税人取得2010年1月1日以后开具的增值税专用发票、公路内河货物运输业统一发票和机动车销售统一发票，应在开具之日起180日内到税务机关办理认证，并在认证通过的次月申报期内，向主管税务机关申报抵扣进项税额。基于此规定，获得的增值税专用发票超过法定认证期限180天不可以抵扣进项税额

2. 营改增后不得抵扣进项税额的 3 种处理方法

营改增后增值税进项税额不得抵扣的情形，以及进项税额不得抵扣与进项税额转出的关系，错综复杂。进项税额不得抵扣，不一定就要转出，是否要转出，要看进项税额有没有抵扣，要分清进项税发生的时间与物品转移的时间差异，在计算不得抵扣进项税额时尤为重要。

从处理方法上来说，对于不得从销项税额中抵扣的进项税额的情况，实务中应该分类进行处理：

第一，购入时进项税额直接计入购货的成本。比如，某企业（增值税一般纳税人）购入一批材料用于不动产在建工程，增值税专用发票注明的金额 20 万元，税额 3.4 万元，该企业不得抵扣增值税进项税额，直接计入该批材料的采购成本共 23.4 万元。

第二，已抵扣进项税额后改变用途、发生非正常损失、出口不得免征和抵扣税额时，应作进项税额转出处理。进项税额转出常见的有三种方法：一是直接计算进项税额转出的方法，适用于外购材料的非正常损失、改变用途等；二是还原计算进项税额转出的方法，适用于计算抵扣进项税额的农产品发生非正常损失、改变用途等；三是比例计算进项税额转出的方法，适用于半成品、产成品的非正常损失。

第三，平销返利的返还收入，冲减进项税额。商业企业向供货方收取的凡与商品销售量、销售额挂钩（如以一定比例、金额、数量计算）的各种返还收入，均应按照平销返利行为的有关规定冲减当期增值税进项税税额。当期应冲减进项税税额 = 当期取得的返还资金 ÷（1 + 所购货物适用增值税税率）× 所购货物适用增值税税率。

"应交税费——应交增值税" 的月末结转账务处理

"应交税费——应交增值税" 有 9 个专栏，其中借方核算的科目有 5 个，它们是应交增值税（进项税额）、应交增值税（已交税金）、应交增值税（减免税款）、应交增值税（出口抵减内销产品应纳税额）、应交增值税（转出未交增值税）；贷方核算的科目有4个，它们是应交增值税（出口退税）、应交增值税（销项税额）、应交增值税（进项税额转出）、应交增值税（转出多交增值税）。各专栏的月末结转账务处理如下。

1. 借方5个专栏的核算

（1）进项税额的核算内容

记录企业购入货物或接受应税劳务而支付的准予从销项税额中抵扣的增值税额。注意：退回所购货物应冲销的进项税额，用红字登记。

比如，将原购进的不含税价为3000元、增值税额为510元的原材料退回销售方。

借：银行存款 3510

　　贷：原材料 3000

　　　　应交税费——应交增值税（进项税额转出） 510

（2）已交税金的核算内容

核算企业当月缴纳本月增值税额。注意：企业当月上交上月应交未交的增值税时，借记"应交税费——未交增值税"科目，贷记"银行存款"。

比如，某企业每15天预缴一次增值税，每次预缴2万元。预缴时的会计处理：

借：应交税费——应交增值税（已交税金） 20000

　　贷：银行存款 20000

（3）减免税款的核算内容

反映企业按规定减免的增值税款。企业按规定直接减免的增值税额借记本科目，贷记"营业外收入"科目。

比如，对承担粮食收储任务的国有粮食购销企业销售的粮食免税，但可以开具增值税专用发票。若销售粮食不含税价2万元，账务处理：

借：银行存款 22600

　　　　贷：主营业务收入　　　　　　　　　　　　　　　　20000
　　　　　　应交税费——应交增值税（销项税额）　　　　　2600
　　借：应交税费——应交增值税（减免税款）　　　　　　2600
　　　　贷：营业外收入　　　　　　　　　　　　　　　　　2600

（4）出口抵减内销产品应纳税额的核算内容

反映出口企业销售出口货物后，向税务机关办理免、抵、退税申报，按规定计算的应免抵税额。

账务处理：

　　借：应交税费——应交增值税（出口抵减内销产品应纳税额）。
　　　　贷：应交税费——应交增值税（出口退税）。

（5）转出未交增值税的核算内容

核算企业月终转出应缴未缴的增值税。月末企业"应交税费——应交增值税"明细账出现贷方余额时，根据余额借记本科目，贷记"应交税费——未交增值税"科目。

比如，某企业增值税账户贷方的销项税额为 3 万元，借方的进项税额为 1.7 万元，月末账务处理为：

　　借：应交税费——应交增值税（转出未交增值税）　　　13000
　　　　贷：应交税费——未交增值税　　　　　　　　　　　13000

2. 贷方 4 个专栏的核算

（1）出口退税的核算内容

记录企业出口适用零税率的货物，货物出口后凭相关手续向税务机关申报办理出口退税而收到退回的税款。

比如，企业的免抵退税额为 10 万元，应退税额为万元，免抵税额为 2 万元，则账务处理为：

　　借：其他应收款——应收出口退税款（增值税）　　　　80000

　　　应交税费——应交增值税（出口抵减内销产品应纳税额）20000

　　　贷：应交税费——应交增值税（出口退税）　　　　　　　100000

（2）销项税额的核算内容

记录企业销售货物或者提供应税劳务应收取的增值税额。注意：退回销售货物应冲减的销项税额，只能在贷方用红字登记。

比如，原销售的不含税价值为1万元，销项税额为1700元的货物被退回，假设已经按税法规定开具了红字增值税专用发票。退回时的会计处理为：

　　借：主营业务收入　　　　　　　　　　　　　　　　10000

　　　　应交税费——应交增值税（销项税额）　　　　　　1700

　　　　贷：银行存款　　　　　　　　　　　　　　　　11700

同时冲减成本：

　　借：库存商品

　　　　贷：主营业务成本

（3）进项税额转出的核算内容

记录企业的购进货物、在产品、产成品等发生非正常损失以及其他原因而不应从销项税额中抵扣，按规定转出的进项税额。一是已经抵扣进项税额的外购货物改变用途，用于不得抵扣进项税额的用途，做进项税额转出。二是在产品、产成品发生非正常损失，其所用外购货物或应税劳务的进项税额做转出处理。三是生产企业出口自产货物的免抵退税不得免征和抵扣税额。

（4）转出多交增值税的核算内容

核算一般纳税人月终转出多缴的增值税。对于由于多预缴税款形成的"应交税费——应交增值税"的借方余额，才需要做转出处理。

比如，某企业2010年1月31日增值税账户贷方的销项税额为1万元，借方的进项税额为1.7万元。月末不进行账务处理。

再如，某企业2011年2月28日增值税账户贷方的销项税额为1万元，借方的进项税额为8000元，已交税金为9000元。月末账务处理为（按照"已交税金"与应交增值税借方余额较小一方做转出）：

　　借：应交税费——未交增值税　　　　　　　　　　　7000

贷：应交税费——应交增值税（转出多交增值税） 7000

3. "应交税费——应交增值税" 月末结转处理总结

月底用贷方核算的科目应交增值税（出口退税）、应交增值税（销项税额）、应交增值税（进项税额转出）3 项的合计，减去借方核算的科目应交增值税（进项税额）、应交增值税（已交税金）、应交增值税（减免税款）、应交增值税（出口抵减内销产品应纳税额）4 项的合计。如果有贷方余额，则将该余额转入"应交税费——未交增值税"。

借：应交税费——应交增值税（转出未交增值税）

  贷：应交税费——未交增值税

月末，如果企业"应交税费——应交增值税"科目是借方余额，那么，这时就要用这个余额与本期的"应交税费——应交增值税（已交税金）"科目做比较了，没有已交税金发生额，不需要结转。有已交税金发生额，将借方余额与已交税金发生额比较，谁小按谁，做如下会计分录：

借：应交税费——未交增值税

  贷：应交税费——应交增值税（转出多交增值税）

增值税价外费用的会计处理

在增值税销项税额计算中，关于价外费用的规定属于税法的特殊规定，销售单位收取价外费用时要将其合并在应税销售额中计算销项税，并在计算销项税时（未明确说明是不含税价格时）一律将其视为含税收入，先换算，再计算税款，但在其会计处理上价外费用不一定要确认会计收入，而是根据不同项目进行不同的会计处理。

1. 收取手续费、 包装物租金

手续费是企业在提供一定服务的基础上收取的，包装物的租金都是企业转让了资产的使用权才取得的，按会计准则的规定，它们都应计入其他业务收入。

A 公司是增值税一般纳税人，2010 年 9 月销售产品 100 件，每件不含税销售价格为 1000 元，成本为 800 元，同时收取包装物租金 1 万元。款项已收到。

解析：在销售产品同时收取的包装物租金为价外费用，租金收入应纳税额的计算为：不含税销售额 = 10000 ÷ （1 + 17%） = 8547 （元），应纳增值税 = 8547 × 17% = 1453 （元）。

账务处理：

借：银行存款　　　　　　　　　　　　　　　　　　　127000

　　贷：主营业务收入　　　　　　　　　　　　　　　100000

　　　　其他业务收入　　　　　　　　　　　　　　　8547

　　　　应交税费——应交增值税（销项税额）　　　　18453

借：主营业务成本　　　　　　　　　　　　　　　　　80000

　　贷：库存商品　　　　　　　　　　　　　　　　　80000

2. 收取奖励费、优质费、返还利润

在销售商品的同时收取的奖励费、优质费、返还利润，具有价上加价的性质，因而会计上应计入主营业务收入。

例如，B 公司是增值税一般纳税人，2010 年 9 月销售产品 100 件，每件不含税销售价格为 1000 元，成本为 800 元，同时收取优质费 1 万元。款项已收到。

解析：在销售产品同时收取的优质费为价外费用，优质费应纳税额的计算为：不含税销售额 = 10000 ÷ （1 + 17%） = 8547 （元），应纳增值税 = 8547 × 17% = 1453 （元）。

账务处理：

借：银行存款　　　　　　　　　　　　　　　　　　　127000

　　贷：主营业务收入　　　　　　　　　　　　　　　108547

　　　　应交税费——应交增值税（销项税额）　　　　18453

借：主营业务成本　　　　　　　　　　　　　　　　　80000

　　贷：库存商品　　　　　　　　　　　　　　　　　80000

3. 收取违约金、滞纳金、赔偿金、补贴

根据会计准则分析，违约金、滞纳金、赔偿金应作为营业外收入处理，补贴进入营业外收入中的补贴收入科目。

例如，C 公司是增值税一般纳税人，2010 年 9 月 1 日销售产品 100 件，每件不含税销售价格为 1000 元，成本为 800 元，2010 年 11 月 10 日收到货款，同时收取滞纳金 1 万元。

解析：在收到货款同时收取的滞纳金为价外费用，滞纳金应纳税额的计算为：不含税销售额 = 10000 ÷（1 + 17%）= 8547（元），应纳增值税 = 8547 × 17% = 1453（元）。

账务处理：

2010 年 9 月 1 日：

借：应收账款　　　　　　　　　　　　　　　　　117000
　　贷：主营业务收入　　　　　　　　　　　　　　　100000
　　　　应交税费——应交增值税（销项税额）　　　　17000
借：主营业务成本　　　　　　　　　　　　　　　80000
　　贷：库存商品　　　　　　　　　　　　　　　　　80000

2010 年 11 月 10 日：

借：银行存款　　　　　　　　　　　　　　　　　127000
　　贷：应收账款　　　　　　　　　　　　　　　　　117000
　　　　营业外收入　　　　　　　　　　　　　　　　　8547
　　　　应交税费——应交增值税（销项税额）　　　　　1453

4. 收取基金、集资款

企业按规定收取的基金、集资款具有专款专用性质，一般通过"其他应付款"科目核算。

例如，D 公司是增值税一般纳税人，2010 年 9 月销售产品 100 件，每件不含税销售价格为 1000 元。成本为 800 元，同时收取基金 1 万元。款项已收到。

解析：在销售产品同时收取的基金为价外费用，基金应纳税额的计算为：不含税销售额 = 10000 ÷ （1 + 17%） = 8547（元），应纳增值税 = 8547 × 17% = 1453（元）。

账务处理：

借：银行存款   127000

 贷：主营业务收入   100000

  其他应付款   8547

  应交税费——应交增值税（销项税额）   18453

借：主营业务成本   80000

 贷：库存商品   80000

5. 收取购货方延期付款利息

收取购货方延期付款利息是企业收取的利息收入，应冲减财务费用。

例如，E 公司是增值税一般纳税人，2010 年 9 月 1 日销售产品 100 件，每件不含税销售价格为 1000 元，成本为 800 元，2010 年 11 月 10 日收到货款，同时收取延期付款利息 1 万元。

解析：在收到货款同时收取的延期付款利息为价外费用，延期付款利息应纳税额的计算为：不含税销售额 = 10000 ÷ （1 + 17%） = 8547（元），应纳增值税 = 8547 × 17% = 1453（元）。

账务处理：

2010 年 9 月 1 日：

借：应收账款   117000

 贷：主营业务收入   100000

  应交税费——应交增值税（销项税额）   17000

借：主营业务成本   80000

 贷：库存商品   80000

2010 年 11 月 10 日：

借：银行存款   127000

 贷：应收账款   117000

| 财务费用 | 8547 |
| 应交税费——应交增值税（销项税额） | 1453 |

6. 收取包装费、 运输装卸费、 储备费

企业在销售产品过程中发生的包装费、运输装卸费、储备费，是作为产品销售费用的，因而企业收取的包装费、运输装卸费、储备费应冲销产品销售费用。

例如，F 公司是增值税一般纳税人，2010 年 9 月销售产品 100 件，每件不含税销售价格为 1000 元，成本为 800 元，同时收取包装费、运输装卸费 1 万元。款项已收到。

解析：在销售产品同时收取的包装费、运输装卸费为价外费用，包装费、运输装卸费应纳税额的计算为：不含税销售额 $= 10000 \div (1 + 17\%) = 8547$（元），应纳增值税 $= 8547 \times 17\% = 1453$（元）。

账务处理：

借：银行存款　127000
　　贷：主营业务收入　100000
　　　　销售费用　8547
　　　　应交税费——应交增值税（销项税额）　18453
借：主营业务成本　80000
　　贷：库存商品　80000

7. 收取代垫款项

代垫款项是企业已支付但不应由企业承担的费用。

例如，G 公司于 2010 年 4 月 1 日收到客户预付部分货款 10 万元，5 月 1 日甲公司发出货物，该批货物成本 20 万元，开具增值税专用发票上注明价款 30 万元，向铁路部门支付代垫运费（符合税法规定的两项条件）1 万元，并将该发票转交给客户。假设甲公司为一般纳税人，增值税税率为 17%。

解析：在销售产品同时向购买方收取的代垫费用属于增值税价外费用范

围，但同时符合以下条件的代垫运输费用除外：其一，承运部门的运输费用发票开具给购买方的；其二，纳税人将该项发票转交给购买方的。因此本例中代垫运费不属于价外费用范围，不需要缴纳增值税。

账务处理：

4月1日：

借：银行存款　　　　　　　　　　　　　　　　　100000
　　贷：预收账款　　　　　　　　　　　　　　　　　　100000

5月1日：

借：预收账款　　　　　　　　　　　　　　　　　100000
　　应收账款　　　　　　　　　　　　　　　　　251000
　　其他应收款——代垫运费　　　　　　　　　　　10000
　　贷：主营业务收入　　　　　　　　　　　　　　　300000
　　　　应交税费——应交增值税（销项税额）　　　　51000
　　　　银行存款　　　　　　　　　　　　　　　　　10000
借：主营业务成本　　　　　　　　　　　　　　　200000
　　贷：库存商品　　　　　　　　　　　　　　　　　200000

8. 收取代收款项

代收款项是企业为第三方收取的，并不会导致企业经济利益的增加，因而不能作为收入核算收取时应贷其他应付项。

例如，H公司是增值税一般纳税人，2010年8月销售产品100件，每件不含税销售价格为1000元，成本为800元，同时收取代收款项（符合条件代为收取的政府性基金）1万元。款项已收到。

解析：在销售产品同时收取的代收款项为价外费用，但符合条件代为收取的政府性基金或者行政事业性收费除外，因此本例中收取的代收款项不属于价外费用的范围，不征增值税。

账务处理：

借：银行存款　　　　　　　　　　　　　　　　　127000
　　贷：主营业务收入　　　　　　　　　　　　　　　100000

· 98 ·

$$
\begin{array}{lr}
\qquad \text{其他应付款} & 10000 \\
\qquad \text{应交税费——应交增值税（销项税额）} & 17000 \\
\text{借：主营业务成本} & 80000 \\
\qquad \text{贷：库存商品} & 80000 \\
\end{array}
$$

第七章

金融业营改增政策分析与实务操作方法

金融业子行业的业务种类繁多，而且核算复杂，被认为是营改增行业中的"困难户"。放眼世界，我国也是首批对金融服务业征收增值税的国家之一，所以并无太多经验可以借鉴。没得抄不代表可以胡来，本章对金融业营改增政策进行分析并提供实务操作方法，为金融业营改增指明前进的方向，给相关从业人员提供一个走在世界前列的机会。

金 融 行 业 营 改 增 实 战 全 攻 略

贷款、存款服务利息的税务处理

金融企业营改增过程中，财务人员必须正确理解贷款和存款服务利息的税务处理相关政策，并确保在实务中进行正确操作。

1. 贷款服务利息收入销售额的确认及贷款服务政策要点解析

金融业纳入试点范围，由缴纳营业税改为缴纳增值税。下面针对金融业中贷款服务的几点政策一一进行解析。

（1） 贷款服务利息收入销售额的确认

根据 36 号文的规定，贷款服务，以提供贷款服务取得的全部利息及利息性质的收入为销售额。

（2） 贷款服务不得抵扣

36 号文附件之《营业税改征增值税试点实施办法》第二十七条明确规定，纳税人购进的贷款服务，相关进项税额不得从销项税额中抵扣。纳税人接受贷款服务向贷款方支付的与该笔贷款直接相关的投融资顾问费、手续费、咨询费等费用，其进项税额不得从销项税额中抵扣。

（3） 未收利息并不视同销售

虽然 36 号文规定单位或者个体工商户向其他单位或者个人无偿提供服务视同销售服务（用于公益事业或者以社会公众为对象的除外），但按照《销售服务、无形资产、不动产注释》：贷款，是指将资金贷与他人使用而取得利息收入的业务活动。那么，未收取利息的借贷活动并不是营改增服务，也就说不上视同销售了。

（4） 融资性售后回租作为贷款服务

《销售服务、无形资产、不动产注释》规定，各种占用、拆借资金取得的收入，包括金融商品持有期间（含到期）利息（保本收益、报酬、资金占用费、补偿金等）收入、信用卡透支利息收入、买入返售金融商品利息收入、融资融券收取的利息收入，以及融资性售后回租、押汇、罚息、票据贴现、转贷等业务取得的利息及利息性质的收入，按照贷款服务缴纳增值税。融资性售后回租，是指承租方以融资为目的，将资产出售给从事融资性售后回租业务的企业后，从事融资性售后回租业务的企业将该资产出租给承租方的业务活动。

（5） 收益确定的优先股息、 固定股息视为贷款利息

以货币资金投资收取的固定利润或者保底利润，按照贷款服务缴纳增值税。

（6） 2016 年二季度申报期的特殊规定

增值税的纳税期限分别为 1 日、3 日、5 日、10 日、15 日、1 个月或者 1 个季度。以 1 个季度为纳税期限的规定适用于小规模纳税人、银行、财务公司、信托投资公司、信用社，以及财政部和国家税务总局规定的其他纳税人。实行按季申报的原营业税纳税人，2016 年 5 月申报期内，向主管地税机关申报税款所属期为 4 月的营业税；2016 年 7 月申报期内，向主管国税机关申报税款所属期为 5 月、6 月的增值税。

2. 贷款利息的进项税抵扣及账务处理

金融业纳入营改增范围，企业因为贷款支付的利息取得了专用发票能否抵扣进项税以及如何做账务处理呢？

（1） 贷款利息进项税能否抵扣

36 号文附件之《营业税改征增值税试点实施办法》规定，第二十七条下列项目的进项税额不得从销项税额中抵扣：（一）用于简易计税方法计税项目、免征增值税项目、集体福利或者个人消费的购进货物、加工修理修配劳务、服务、无形资产和不动产。其中涉及的固定资产、无形资产、不动产，仅指专用于上述项目的固定资产、无形资产（不包括其他权益性无形资产）、不动产。纳税人的交际应酬消费属于个人消费。（二）非正常损失的购进货物，以及相关的加工修理修配劳务和交通运输服务。（三）非正常损失的在产品、产成品所耗用的购进货物（不包括固定资产）、加工修理修配劳务和交通运输服务。（四）非正常损失的不动产，以及该不动产所耗用的购进货物、设计服务和建筑服务。（五）非正常损失的不动产在建工程所耗用的购进货物、设计服务和建筑服务。纳税人新建、改建、扩建、修缮、装饰不动产，均属于不动产在建工程。（六）购进的旅客运输服务、贷款服务、餐饮服务、居民日常服务和娱乐服务。（七）财政部和国家税务总局规定的其他情形。

上述第二十七条第六款中明确"贷款服务"的进项税不能抵扣，所以，利息支出即使取得了专用发票也是不能抵扣的。

另外，36号文附件《营业税改征增值税试点有关事项的规定》之中明确：纳税人接受贷款服务向贷款方支付的与该笔贷款直接相关的投融资顾问费、手续费、咨询费等费用，其进项税额不得从销项税额中抵扣。

总之，贷款利息以及与贷款直接相关的费用进项税都不能抵扣。企业财务人员一定要了解，避免错误的抵扣造成少纳税金，带来风险。

（2）　贷款利息进项税抵扣的账务处理

了解到利息支出的进项税即使取得了专用发票也不能抵扣，那么账务处理就明确了，也就是价税合计计入财务费用或者资本化，根据贷款的具体使用情况判断确定。账务处理分为以下两种情况。

一是发票没有认证。

借：财务费用等有关科目

　　贷：银行存款

为了避免形成滞留票，利息的专用发票可以认证，然后申报纳税时在附表中进项税转出栏次填列需要转出的金额。账面不需要再做进项税转出分录。

二是发票已经认证通过，并且账面也计入了"应交税费——应交增值税（进项税额）"，那么需要做进项税转出处理的分录。

借：财务费用等有关科目

　　贷：应交税费——应交增值税（进项税转出）

3. 存款利息收入是否需交增值税

（1）　相关政策解读

根据36号文附件之《营业税改征增值税试点有关事项的规定》第一条的规定，下列项目属于不征收增值税项目：（一）根据国家指令无偿提供的铁路运输服务、航空运输服务，属于《试点实施办法》第十四条规定的用于公益事业的服务。（二）存款利息。（三）被保险人获得的保险赔付。（四）房地产主管部门或者其指定机构、公积金管理中心、开发企业以及物业管理单位代收的住宅专项维修资金。（五）在资产重组过程中，通过合并、分立、出售、置换等方式，将全部或者部分实物资产以及与其相关联的债权、负债和劳动力一并转让给其他单位和个人，其中涉及的不动产、土地使用权转让行为。

根据上述政策规定，存款利息、保险赔付都属于不征收增值税项目。存款利息是指按照《中华人民共和国商业银行法》的规定，经国务院银行业监督管理机构审查批准，具有吸收公众存款业务的金融机构支付的存款利息。而非金融企业之间、企业和个人之间借贷涉及的利息，不包括在上述"存款利息"范围之内。

（2）纳税人存款利息收入必须缴纳增值税案例

四川吉祥公司营改增后是增值税一般纳税人，2016年5月1日根据协议将现金2000万元存入成都发财小额贷款公司，年利率20%，期限1年，5月12日收到成都发财小额贷款公司5—7月利息100万元，请问四川吉祥公司是否缴纳增值税？

36号文附件之《营业税改征增值税试点有关事项的规定》第一条第二款第（二）项规定：存款利息不征增值税。

36号文规定，经国务院批准，自2016年5月1日起，在全国范围内全面推开营业税改征增值税试点，建筑业、房地产业、金融业、生活服务业等全部营业税纳税人，纳入试点范围，由缴纳营业税改为缴纳增值税。

根据以上规定，自2016年5月1日起，纳税人取得的存款利息不征增值税。可是四川吉祥公司主管税务机关认为要缴增值税。因此，纳税人将资金存到小额贷款公司取得的利息收入是否缴纳营业税存在异议。

吉祥公司认为，根据36号文规定，存款利息不征增值税。小额贷款公司属于金融机构，该公司将资金存到金融机构取得的利息，属于存款利息，应不征增值税。

税务机关认为，36号文规定，存款利息不征增值税。即存款利息才能不征增值税。根据《中国人民银行关于印发〈金融机构编码规范〉的通知》

（银发〔2009〕363号）规定，我国的金融机构包括货币当局、监管当局、银行业存款类金融机构、银行业非存款类金融机构、证券业金融机构、保险业金融机构、交易及结算类金融机构、金融控股公司。小额贷款公司属于金融机构，但不能吸收存款。因此，吉祥公司从小额贷款公司取得的利息收入不属于存款利息收入，应按规定征收增值税。

根据36号文附件之《销售服务、无形资产、不动产注释》的规定：贷款，是指将资金贷与他人使用而取得利息收入的业务活动。

融资性售后回租，是指承租方以融资为目的，将资产出售给从事融资性售后回租业务的企业后，从事融资性售后回租业务的企业将该资产出租给承租方的业务活动。

以货币资金投资收取的固定利润或者保底利润，按照贷款服务缴纳增值税。

根据以上分析，税务机关的观点是正确的。本案的关键是如何鉴别利息收入是存款利息收入。界定存款利息收入的关键是看金融机构是否具有吸收存款的合法性，否则必界定为销售贷款服务收入。根据以上规定，吉祥公司将资金存入发财小额贷款公司属于贷款行为，适用税率6%。因此，吉祥公司取得的利息收入应按贷款服务缴纳增值税，应交销项税额5.66万元 [100 ÷ (1 + 6%) × 6%]。

金融机构同业往来"免税"政策解读

金融机构间的资金往来业务，是指经中国人民银行批准，进入全国银行间同业拆借市场的金融机构之间通过全国统一的同业拆借网络进行的短期（一年以下含一年）无担保资金融通行为。这里对金融同业往来"免税"政策进行解读。

1. 基本政策——36号文和46号文

（1）36号文中的相关规定

根据36号文附件之《营业税改征增值税试点过渡政策的规定》，金融同业往来利息收入，免征增值税。具体包括：

一是金融机构与中国人民银行所发生的资金往来业务。包括中国人民银行对一般金融机构贷款，以及中国人民银行对商业银行的再贴现等。

二是银行联行往来业务。同一银行系统内部不同行、处之间所发生的资金账务往来业务。

三是金融机构间的资金往来业务。是指经中国人民银行批准，进入全国银行间同业拆借市场的金融机构之间通过全国统一的同业拆借网络进行的短期（一年以下含一年）无担保资金融通行为。

四是金融机构之间开展的转贴现业务。

（2）46 号文中的相关规定

财税〔2016〕46 号文指的是财政部、国家税务总局《关于进一步明确全面推开营改增试点金融业有关政策的通知》。其中规定，金融机构以质押式买入返售金融商品、持有政策性金融债券取得的利息收入，均属于金融同业往来利息收入，免征增值税。

46 号文明确，享受免征增值税的一年期及以上返还本利的人身保险包括养老年金以外的年金保险。

同时，农村信用社、村镇银行、农村资金互助社、由银行业机构全资发起设立的贷款公司、法人机构在县（县级市、区、旗）及县以下地区的农村合作银行和农村商业银行提供金融服务收入，可以选择适用简易计税方法按照 3% 的征收率计算缴纳增值税。

此外，根据 46 号文，法人农业、林业、畜牧业、渔业贷款及农林牧渔服务业贷款，小型农田水利设施贷款，大型灌区改造，中低产田改造等 39 项涉农贷款均可享受增值税优惠。

2. 补充政策——财税 〔2016〕 70 号文

财税〔2016〕70 号文指的是财政部、国家税务总局《关于金融机构同业往来等增值税政策的补充通知》。其中明确以下金融业务取得的利息收入，属于 36 号文附件之《营业税改征增值税试点过渡政策的规定》第一条第（二十三）项所称的金融同业往来利息收入，自 2016 年 5 月 1 日起免征增值税。具体包括：

一是金融机构开展同业存款、同业借款、同业代付、买断式买入返售金融商品、持有金融债券、同业存单取得的利息收入。

二是商业银行购买央行票据、与央行开展货币掉期和货币互存等业务。

三是境内银行与其境外的总机构、母公司之间，以及境内银行与其境外的分支机构、全资子公司之间的资金往来业务。

通过上述规定，金融同业往来利息收入免征增值税的优惠政策不断"量化宽松"，充分体现了营改增税负"只减不增"的原则要求。有权享受免税优惠的金融机构是指：银行，包括中国人民银行、商业银行、政策性银行；信用合作社；证券公司；金融租赁公司、证券基金管理公司、财务公司、信托投资公司、证券投资基金；保险公司；其他经中国人民银行、银监会、证监会、保监会批准成立且经营金融保险业务的机构等。

3. 财税〔2016〕70号文"免税"政策解读

财税〔2016〕70号文首次明确了买断式买入返售金融商品纳入免征增值税范围。这是指金融商品持有人（正回购方）将债券等金融商品卖给债券购买方（逆回购方）的同时，交易双方约定在未来某一日期，正回购方再以约定价格从逆回购方买回相等数量同种债券等金融商品的交易行为。

财税〔2016〕70号文将持有金融债券纳入了免征范围，所有金融债券持有利息均免税。所谓金融债券，是指依法在中华人民共和国境内设立的金融机构法人在全国银行间和交易所债券市场发行的、按约定还本付息的有价证券。

买断式买入返售金融商品免税和免税债券范围的扩大，是财税〔2016〕70号文带给金融行业较为显著的利好，有利于减少营改增对资金市场和债券市场的冲击，增加了稳定性，也有利于达到税改后行业税负"只减不增"的政策目标。同时，有利于进一步降低银行间同业往来的资金和交易成本，尤其利好非银、中小银行等交易机构。结合此前出台的46号文已将质押式买入返售金融商品的利息收入纳入免征范围。至此，免税范围基本覆盖了金融机构的主要同业业务。

4. 金融机构往来的会计处理

金融机构往来有很多种情况，诸如联行往来、信托业务、投资业务、证券业务、租赁业务等。这里主要介绍商业银行往来的会计处理。这是因为，金融机构往来是商业银行与商业银行之间，商业银行和中央银行之间，商业银行与非银行金融机构之间，由于办理资金划拨、缴存存款和办理结算等业务而引起的资金业务往来。具体来说，商业银行与商业银行之间的往来包括同城票据交换及清算、异地跨系统汇划款项相互转汇、同业拆借及转贴现等；商业银行与中央银行之间的往来包括商业银行向中央银行存取现金、缴存存款准备金、向中央银行借款、办理再贴现及通过中央银行汇款项等。

这一节是在实操层面对金融机构往来的补充，介绍的内容包括商业银行存款准备金账户的开立、商业银行向中央银行存取款项的核算、法定存款准备金的核算、再贷款与再贴现的核算、其他情况的会计处理几个部分。

（1）商业银行存款准备金账户的开立

商业银行的准备金包括支付准备金和法定准备金。支付准备金是保证日常资金支付的备用金；法定准备金是根据商业银行吸收存款的增减变化，按照法定比例必须保留在中央银行的存款准备金。商业银行的各级机构都在中央银行开立准备金账户。

各商业银行总行或总部开立的准备金存款账户属于备付金和法定存款准备金合一的账户，除用于考核法定存款准备金以外，还用于向中央银行存取现金、资金调拨、资金清算以及其他日常支付的款项。该账户余额应大于等于规定的法定存款准备率。

商业银行分支机构在中央银行开立的存款账户属于备付金存款账户，不用于考核法定存款准备金，仅用于日常的各种款项支付，该账户不允许透支。

（2）商业银行向中央银行存取款项的核算

商业银行向中央银行存取款项包括存取现金和转账存取。商业银行向中央银行缴存现金，中央银行直接交入发行库作为货币回笼，发行库的发行基金增加，商业银行库存现金减少，存款准备金增加。商业银行库存现金不足，向中央银行支取，中央银行从发行库出库，发行基金减少，商业银行库存现金增加，准备金存款减少。商业银行办理系统内资金调拨、异地结算转汇、票据交换清算、再贷款与再贴现、同业拆借、缴存财政性款项等，要通过准备金存款账户转账存、取。

通过准备金存款账户存入款项，商业银行的会计分录为：

借：存放中央银行准备金

　　贷：现金（或××科目）

中央银行的会计分录为：

借：发行基金往来（或××科目）

　　贷：××银行准备金存款

通过准备金存款账户支取款项的会计分录相反。

（3）法定存款准备金的核算

法定存款准备金由各金融企业法人在法人所在地中央银行开立一个账户，统一缴存与考核。各金融企业法人在中央银行开立的准备金存款账户，用于核算全系统的法定存款准备金以及日常支付的款项。金融企业分支机构在中央银行开立准备金存款账户不用于考核法定存款准备金。

目前，法定存款准备金的缴存比例为一般存款的6%。一般存款包括机关团体存款、财政预算外存款、单位存款、个人储蓄存款及其他各项存款。委托、代理业务的负债项目减去资产项目的贷方余额，如果委托、代理业务的负债、资产轧差为借方余额，该项目视为零，不允许以借方余额抵减其他存款项目。具体的考核方法是：每日营业终了，各商业银行自下而上编制一般存款余额表，由法人汇总后报送法定存款准备金账户开户的中央银行，月末应报送全系统汇总的月末日计表。中央银行于每日营业终了按一般存款余额的一定比例考核法定准备金。如准备金存款低于法定准备率，对不足的部分处以罚息；商业银行不按时报送一般存款余额表和月末日计表的，责令其报送，逾期不报送的处以罚款。

（4）再贷款与再贴现的核算

中央银行为金融企业开立的再贷款与再贴现账户有年度性贷款户、季节性贷款户、日拆性贷款户和再贴现户。

中央银行对商业银行发放再贷款的会计分录为：

借：××银行贷款××贷款户

　　贷：××银行准备金存款

商业银行取得再贷款的会计分录为：

借：存放中央银行准备金存款

　　贷：中央银行借款××借款户

归还再贷款的处理相反。利息可以按季于季末月20日结息。

再贴现是商业银行以已贴现而尚未到期的承兑汇票转让给中央银行，中央银行从汇票面额中扣除从再贴现之日起到票据到期日止的利息后，以其差额向商业银行融通资金的业务。再贴现期从再贴现之日起至汇票到期日止。

中央银行对商业银行办理再贴现时，首先计算再贴现利息和实付再贴现额并转账。会计分录为：

借：再贴现××银行再贴现户

　　贷：××银行准备金存款

　　　　利息收入再贴现利息收入户

商业银行取得再贴现后，可以直接冲减"贴现及买入票据"科目，也可以设置"再贴现"作为"贴现及买入票据"的备抵科目。会计分录为：

借：存放中央银行准备金

　　金融机构往来支出中央银行往来支出户

　　贷：再贴现××汇票再贴现户

票据到期，中央银行作为持票人向付款人收取票款。会计分录为：

借：联行来账

　　贷：再贴现××银行再贴现户

（5）　其他情况的会计处理

第一，商业银行之间异地结算转汇可以通过中央银行的联行往来转汇，也可以通过跨系统商业银行的联行往来转汇，转汇资金均通过中央银行的准备金存款账户清算。

第二，票据交换的核算，主要掌握交换差额的轧算与清算方法。

票据交换是同一城市或同一票据交换地区各商业银行相互代收、代付的票据，定时定点集中相互交换并清算资金存欠的方法。参加票据交换的各行处都要提出票据，也都要提入票据，不论是提出的票据还是提入的票据，凡是付款人在本行开户，收款人在他行开户，对本行为应付款票据；凡是收款人在本行开户，付款人在他行开户，对本行为应收款票据。应付款大于应收款为应付差，其差额从准备金存款账户支付，应收款大于应付款为应收差，填存款凭证存入准备金存款账户。

应付差行清算的会计分录为：

借：××存款××户

　　贷：××存款××户

　　　　存放中央银行准备金

应收差行清算的会计分录为：

借：××存款××户

　　存放中央银行准备金

　　　贷：××存款××户

中央银行为各交换行清算票据交换差额的会计分录为：

借：××银行准备金存款应付差额行户

　　贷：××银行准备金存款应收差额行户

营改增后金融商品持有收益纳税情况的变化

金融企业体量大、业务复杂，是此次全面推行营改增的重点行业。金融行业营改增政策基本平移了原营业税政策，但也有一些变化，比如金融企业持有金融商品期间取得的收益的纳税时间，就是营改增较营业税的变化之处。

1. 营业税制度下的金融商品持有收益纳税情况

某金融企业 2015 年 1 月 1 日购入债券 100 万元，年利率 5%，2016 年 1 月 4 日取得利息，1 月 15 日以 120 万元的价格全部转让。

（1）会计处理

1 月 1 日：

借：交易性金融资产　　　　　　　　　　　　　1000000

　　贷：银行存款　　　　　　　　　　　　　　　　1000000

12 月 31 日：

借：应收利息   50000
  贷：投资收益   50000
1月4日：
借：银行存款   50000
  贷：应收利息   50000
借：银行存款   1200000
  贷：交易性金融资产   1000000
     投资收益   200000

（2）营业税处理

《财政部国家税务总局关于营业税若干政策问题的通知》（财税〔2013〕16号）第三条第八款规定："金融企业（包括银行和非银行金融机构，下同）从事股票、债券买卖业务以股票、债券的卖出价减去买入价后的余额为营业额。买入价依照财务会计制度规定，以股票、债券的购入价减去股票、债券持有期间取得的股票、债券红利收入的余额确定。"

换算为公式：股票、债券买卖业务营业额＝股票、债券的卖出价－买入价＝股票、债券的卖出价－（股票、债券的购入价－股票、债券持有期间取得的股票、债券红利收入）。即股票、债券持有期间取得的收益在转让成本中被扣除，相当于股票、债券持有收益在转让时征税，在持有期间不征税。

比如在上例中，该金融企业缴纳营业税＝〔120－（100－5）〕×5%＝1.25（万元）。

2. 营改增后的金融商品持有收益纳税情况

36号文附件之《营业税改征增值税试点实施办法》的《销售服务、无形资产、不动产注释》中，"金融服务——贷款服务"包含"金融商品持有期间（含到期）利息（保本收益、报酬、资金占用费、补偿金等）收入"；另一附件《营业税改征增值税试点有关事项的规定》第一条第（三）款第3项规定："金融商品转让，按照卖出价扣除买入价后的余额为销售额。"

营改增后，金融商品持有期间取得的收益在持有时即征增值税，转让时不再征税，纳税时间发生变化。

若上例发生在营改增后，某金融企业 2016 年 1 月 1 日购入债券 100 万元，年利率 5%，2017 年 1 月 4 日取得利息，1 月 15 日以 120 万元的价格全部转让。

12 月 31 日，该金融企业缴纳增值税 = 5 × 6% = 0.3（万元）。

1 月 15 日，该金融企业缴纳增值税 =（120 - 100）× 6% = 1.2（万元）。

营改增后，不是只有金融企业才适用营改增政策，非金融企业只要发生金融服务也都适用营改增政策，因此，所有企业取得的金融商品持有收益均应如此处理。

3. 营改增后的金融商品持有收益纳税的问题与解决思路

（1） 股票分红是否缴纳增值税

很多企业认为，36 号文规定的"金融商品持有期间（含到期）利息（保本收益、报酬、资金占用费、补偿金等）收入"不包括股票，因为持有股票取得的是股利，不是利息，且括号里的列举也不包含股利。因此，企业取得的股票股利不缴纳增值税。

但 36 号文并未规定股票股利不征增值税，且从营改增的承继关系上看，金融商品持有期间利息应包括股利。

（2） 转让成本是否包括相关税费

36 号文规定，金融商品转让，按照卖出价扣除买入价后的余额为销售额。那么，买入价是否包含购买时发生的相关税费呢？营改增对此没有明确规定，我们不妨来参考一下营业税的规定。

《国家税务总局关于印发〈金融保险业营业税申报管理办法〉的通知》（国税发〔2002〕9 号）第十四条规定，股票、债券、外汇和其他金融商品，买入价是指购进原价，不得包括购进该金融商品过程中支付的各种费用和税金。因此，在转让金融商品计算增值税时，其转让成本也不得包含购买该金融商品时发生的相关税费。

（3） 取得持有收益在营改增前， 金融商品转让在营改增后如何处理

若金融企业取得持有收益在营改增前，金融商品转让在营改增后，可能会遇到问题。

某金融企业 2016 年 1 月 1 日购入债券 100 万元，年利率 5%，按季度付息，

4 月 1 日取得一季度利息 1.25 万元，6 月 1 日以 120 万元的价格全部转让。

由于 4 月 1 日取得利息时尚未实行营改增，按照营业税政策暂不纳税，但 6 月 1 日转让时若按照营改增政策"按照卖出价扣除买入价后的余额为销售额"，只需缴纳增值税（120 – 100）×6% = 1.2（万元），导致少缴税。建议对于金融商品的持有收益尚未纳税的，可依照营业税政策在转让时在买入价中扣除。

统借统还的增值税处理

统借统还是许多大型企业资金管理的方式，为享受统借统还增值税的优惠，规避潜在的风险，需要在政策把握、合同草拟等方面予以高度重视。下面结合 36 号文及有关规定，分析统借统还的增值税问题。具体包括以下问题：统借统还的概念及两种类型、统借统还利息免征增值税、统借统还免税政策的要点、两类统借方的案例分析、享受统借统还优惠应注意的问题。

1. 统借统还的概念及两种类型

企业集团委托企业集团所属财务公司代理统借统还业务，是指企业集团从金融机构取得统借统还贷款后，由集团所属财务公司与企业集团或集团内下属企业签订统借统还贷款合同并分拨借款，按支付给金融机构的借款利率向企业集团或集团下属企业收取用于归还金融机构借款的利息，再转付企业集团，由企业集团统一归还金融机构的业务。

根据统借方的不同，36 号文附件之《营业税改征增值税试点过渡政策的规定》明确了统借统还的两种类型：

一是集团或集团内核心企业作为统借方。企业集团或企业集团中的核心企业，向金融机构借款或对外发行债券取得资金后，将所借资金分拨给下属单位（包括独立核算单位和非独立核算单位），并向下属单位收取用于归还金融机构或债券购买方本息的业务。

二是集团所属财务公司作为统借方。企业集团向金融机构借款或对外发行债券取得资金后，由集团所属财务公司与企业集团或集团内下属单位签署统借统还贷款合同并分拨资金，向企业集团或集团内下属单位收取本息，再转付企业集团，由企业集团统一归还金融机构或债券购买方。

2. 统借统还利息免征增值税

统借统还业务中，企业集团或企业集团中的核心企业以及集团所属财务公司按不高于支付给金融机构的借款利率水平或者支付的债券票面利率水平，向企业集团或集团内下属单位收入的利息，可以免征增值税。

统借方向资金使用单位收取的利息，高于支付给金融机构借款利率水平或者支付的债券票面利率水平的，应全额缴纳增值税。

3. 统借统还免税政策的要点

根据统借统还政策的规定，享受统借统还免税政策，需要满足以下条件。如表 7 - 1 所示。

表 7 - 1　　　　　　　　享受统借统还免税政策需要的条件

条　件	内　容
统借方的限定	统借方限于企业集团、集团内核心企业、集团所属财务公司。一般来讲，统借方只有一个
用款方的限定	如果统借方是集团或集团核心企业，用款方必须是下属单位。如果统借方是集团内财务公司，用款方包括集团或集团下属企业
资金来源的限定	资金来源必须是金融机构借款，或发行债券募集
利率的限定	统借方收取的利息，不得高于支付的利息

4. 两类统借方的案例分析

根据上述规定，我们分析两类统借方的案例，能否适用免税待遇。

（1）**统借方——集团公司**

假定集团公司 A 公司，将来自金融机构或发债券募集的资金分拨给下属二级公司 B 公司，B 公司又将资金分拨给下属三级公司 C 公司，都没有加息，B 公司自 C 公司收取的利息是否可以免税？

因为 B 公司资金来源于集团的 A 公司，因此，严格来讲，B 公司不得享受免税政策。

如果 A 公司将资金直接分拨给 C 公司，不加息，是否可以享受免税待遇？

应该可以。因为法规没有限定下属单位必须是直接持股的下属单位。

（2）**统借方——财务公司**

集团 A 公司，集团所属财务公司 B 公司，集团 A 公司直接下属公司 C 公司、D 公司。C 公司直接下属 E 公司，D 公司直接下属 F 公司。

根据目前的规定，B 公司将资金借给 A、B、C、D、E、F，只要不加息，都可以享受免税待遇。

（3）**利息加权平均是否可以**

集团 A 公司可能同时有两笔借款，利率分别是 10%、12%，然后把两笔借款混在一起，贷给下属企业，根据两笔贷款的平均利率水平，比如 11%，向下属企业收取利息，是不是可以说没有加息，可以免税？

风险极大。这是因为，11% 的利率高于 10% 的利率了，可以说加息了。

5. 享受统借统还优惠应注意的问题

为充分享受统借统还增值税免税政策，建议注意以下问题。如表 7 - 2 所示。

表 7 - 2　　　　享受统借统还免税政策应注意的问题

事 项	内 容
流程设计	由于统借方只有一个，因此，流程设计必须是统借方直接与借款方签署合同。自统借方借资金后，再分拨给自己的下属单位，不是统借统还
合同签署	不加息，是一个硬条件。为体现满足这一条件，最好是自银行借一笔资金，就与下属单位签署贷款合同。不要将不同利率的资金混在一起，再与下属单位签署合同。不要图省事，影响自己享受优惠
合同条款	在合同条款中，必须明确以下问题：一是资金来源，是来自金融机构借款，还是发债募集；二是利率水平，明确自己支付利息的利率水平，向下属单位收取的利率水平

金融业增值税优惠政策

国家出台了一系列税收优惠政策，那么，在金融行业，又有哪些税收优惠呢？让我们一起通过下文了解一下。

1. 金融业增值税优惠政策

第一，以下利息收入免征增值税：2016 年 12 月 31 日前，金融机构农户小额贷款；国家助学贷款；国债、地方政府债；中国人民银行对金融机构的贷款；住房公积金管理中心用住房公积金在指定的委托银行发放的个人住房贷款；外汇管理部门在从事国家外汇储备经营过程中，委托金融机构发放的外汇贷款；统借统还业务中，企业集团或企业集团中的核心企业以及集团所属财务公司按不高于支付给金融机构的借款利率水平或者支付的债券票面利率水平，向企业集团或者集团内下属单位收取的利息。

第二，被撤销金融机构以货物、不动产、无形资产、有价证券、票据等财产清偿债务免征增值税。

第三，下列金融商品转让收入免征增值税：合格境外投资者（QFII）委托境内公司在我国从事证券买卖业务；香港市场投资者（包括单位和个人）通过沪港通买卖上海证券交易所上市 A 股；对香港市场投资者（包括单位和个人）通过基金互认买卖内地基金份额；证券投资基金（封闭式证券投资基金，开放式证券投资基金）管理人运用基金买卖股票、债券，个人从事金融商品转让业务。

第四，金融同业往来利息收入免征增值税：金融机构与中国人民银行所发生的资金往来业务，包括中国人民银行对一般金融机构贷款，以及中国人民银行对商业银行的再贴现等；银行联行往来业务，即同一银行系统内部不同行、处之间所发生的资金账务往来业务；金融机构间的资金往来业务，是指经中国人民银行批准，进入全国银行间同业拆借市场的金融机构之间通过全国统一的同业拆借网络进行的短期（一年以下含一年）无担保资金融通行为；金融机构之间开展的转贴现业务。

第五，符合条件的担保机构从事中小企业信用担保或者再担保业务取得的收入（不含信用评级、咨询、培训等收入）3 年内免征增值税。

第六，经中国人民银行、银监会或者商务部批准从事融资租赁业务的试点纳税人中的一般纳税人，提供有形动产融资租赁服务和有形动产融资性售后回租服务，对其增值税实际税负超过 3% 的部分实行增值税即征即退政策。

第七，金融企业发放贷款后，自结息日起 90 天内发生的应收未收利息按现行规定缴纳增值税，自结息日起 90 天后发生的应收未收利息暂不缴纳增值税，待实际收到利息时按规定缴纳增值税。

第八，为境外单位之间的货币资金融通及其他金融业务提供的直接收费金融服务，且该服务与境内的货物、无形资产和不动产无关的，免征增值税。

第九，下列保险项目免征增值税：保险公司开办的一年期及以上返还本利的人寿保险、养老年金保险以及保险期间为一年期及以上的健康保险；为出口货物提供的保险服务，包括出口货物保险和出口信用保险；农牧保险，是指为种植业、养殖业、牧业种植和饲养的动植物提供保险的业务；相关技术培训，是指为使农民获得农牧保险知识的技术培训业务。

2. 金融业营改增四大政策 "红利" 点

总结金融业营改增优惠政策，可以得出四大红利点。

（1）金融机构可实行汇总缴纳增值税

政策设计：《国家税务总局关于全面推开营业税改征增值税试点有关税收征收管理事项的公告》（国家税务总局公告 2016 年第 23 号）明确规定，原以地市一级机构汇总缴纳营业税的金融机构，营改增后继续以地市一级机构汇总缴纳增值税；同一省（自治区、直辖市、计划单列市）范围内的金融机构，经省（自治区、直辖市、计划单列市）国家税务局和财政厅（局）批准，可以由总机构汇总向总机构所在地的主管国税机关申报缴纳增值税。

解析：金融机构获取进项税抵扣项目主要有系统设备维护、办公设备及其网点等固定资产和不动产的购进等。由于大量的进项集中在省市级金融机构，县级以下较少，而同时销项税额的发生则集中在市级、县级以下网点，为解决金融机构的进项、销项税额不平衡问题，对金融机构可实行汇总缴纳增值税。

（2）保险公司业务不同税制安排有差别

财产保险公司税制安排：其实物赔付可以抵扣进项税额。对于增值税一般纳税人，其购进的货物、劳务、服务、无形资产和不动产取得的进项税额均可抵扣。其中，财产保险公司的机动车辆保险业务占其全部保单总量较大，其对机动车修理修配的实物或者劳务赔付，在原营业税直接支出计入成本，而改征增值税后，从修理方取得的增值税专用发票，还可以按照17%的税率抵扣进项税额。按照这样征6%，扣17%的"低征高扣"销项、进项结构，财产保险公司可以轻松实现税负降低。

人身保险公司税制安排：继续保持原营业税免税优惠政策。对于保险公司开办的一年期限以上人身保险产品取得的保费收入，免征增值税。一年期以上人身保险，是指保险期间为一年期及以上返还本利的人寿保险、养老年金保险，以及保险期间为一年期及以上的健康保险。

（3）银行不同业务适用不同抵扣规定

政策设计：对于银行提供的金融服务，其中，贷款服务不得抵扣进项税额，金融商品转让不得开具增值税专用发票，只有直接收费金融服务可以抵扣进项税额。直接收费金融服务是指为货币资金融通及其他金融业务提供相关服务并且收取费用的业务活动，包括提供货币兑换、账户管理、电子银行、信用卡、信用证、财务担保、资产管理、信托管理、基金管理、金融交易场所（平台）管理、资金结算、资金清算、金融支付等服务。

解析：当前银行的收入中利差收入占了较大比例，营改增后，由于抵扣政策的调整，银行将不断优化产品结构，提供更丰富、更贴近企业和个人消费需求的直接收费金融服务。

（4）融资性售后回租按照贷款服务缴纳增值税

政策设计：对于融资性售后回租，从原来的有形动产租赁适用17%的税率，改为按照贷款服务6%缴纳增值税。其适用税率大为下降。

另外，纳税人提供融资性售后回租业务，以其取得的全部价款和价外费用（不含本金），扣除相关利息为销售额，相对本次营改增前的口径来说，在销售额中直接扣除了本金，也大大缩小了纳税人的税基。

金融业增值税进项税额抵扣的相关问题

抵扣进项税额，是指企业在生产经营过程中购进原辅材料、销售产品发生的税额后，在计算应缴税额时，在销项增值税中应减去的进项增值税额，简称进项税。

1. 增值税转型后的进项税额抵扣

纳税人取得固定资产后，支付了相关费用并取得了相关抵扣凭证，但这部分进项税额并不能全部抵扣当期的销项税额，所以，我们先将此部分销项税额记入"待抵扣税额——待抵扣增值税（增值税转型）"，然后按有关规定，再转入"应交税费——应交增值税（固定资产进项税额）"的借方，抵扣当期的销项税额。

纳税人购进的已作进项抵扣的固定资产发生非增值税应税行为，应将这部分进项税额转出。

增值税转型范围内的固定资产发生了视同销售行为，应将这部分增值税记入"应交税费——应交增值税（固定资产销项税额）"的贷方；发生中途转让行为，应作销售计算销项税额记入"应交税费——应交增值税（固定资产销项税额）"的贷方，如果"待抵扣税额——待抵扣增值税（增值税转型）"有余额，也应等量将这部分销项税额转入"应交税费——应交增值税（固定资产销项税额）"。

在上述处理的基础上再计算可抵或可退的增值税。

2. 增值税转型不得抵扣的进项税额及会计处理

纳税人购进固定资产发生下列情形的，进项税额不得按 156 号文规定进行抵扣：将固定资产专用于非应税项目（不含 156 号文所称固定资产的在建工程，下同）；将固定资产专用于免税项目；将固定资产专用于集体福利或个人消费；固定资产为应征消费税的汽车、摩托车；将固定资产供未纳入 156 号文适用范围的机构使用。

已抵扣或已记入待抵扣进项税额的固定资产发生上述情形的，纳税人应在当月按下列公式计算不得抵扣的进项税额：不得抵扣的进项税额＝固定资产净值×适用税率。

不得抵扣的进项税额可先抵减待抵扣进项税额余额，无余额的，再从当期进项税额中转出。

3. 营改增后不得抵扣进项税额的二十种情形

增值税进项税额并非可以全额抵扣，是否可以抵扣需视情而论。随着营改增试点扩围工作的逐步推开，增值税一般纳税人接受试点纳税人提供的应税服务，相关企业在增值税会计核算和纳税申报环节存在着税政不够完善、理解不够清晰、抵扣不够准确、操作不够规范的情况，由此造成增值税一般纳税人抵扣进项税额时，存在发票开具内容不规范、原始资料不齐全、扣税凭证不合法等一系列问题，从而使得抵扣进项税额的不确定性增大。

为了帮助纳税人进一步熟悉有关增值税一般纳税人抵扣进项税额抵扣政策，避免不必要的涉税风险，这里整理出了营改增后不得抵扣进项税额的二十种情形。

第一，纳税人取得虚开的增值税专用发票，不得作为增值税合法有效的扣税凭证抵扣其进项税额。

《国家税务总局关于纳税人虚开增值税专用发票征补税款问题的公告》（国家税务总局公告 2012 年第 33 号）规定："纳税人虚开增值税专用发票，未就其虚开金额申报并缴纳增值税的，应按照其虚开金额补缴增值税；已就其虚开金额申报并缴纳增值税的，不再按照其虚开金额补缴增值税。税务机关对纳税人虚开增值税专用发票的行为，应按《中华人民共和国税收征收管理办法》及《中华人民共和国发票管理办法》的有关规定给予处罚。纳税人取得虚开的增值税专用发票，不得作为增值税合法有效的扣税凭证抵扣其进项税额。"

第二，对于那些年销售额低于 500 万元的小规模试点企业，增值税的征收率为 3％，不得抵扣进项税额。

第三，购进的货物直接用于非应税、免税、集体福利和个人消费的，则没有进项税额。

第四，购进的货物已经作了进项税额，后来又改变用途，用于非应税、免税、集体福利和个人消费等，则作为进项税额转出。

第五，发生非正常损失的在产品、产成品，不能实现销售，不会产生销项税额，所以所耗用的购进货物已作为进项税额抵扣的增值税必须作为进项税额转出。

第六，纳税人提供应税服务，开具增值税专用发票后，提供应税服务中止、折让、开票有误等情形，应当按照国家税务总局的规定开具红字增值税专用发票。未按照规定开具红字增值税专用发票的，不得扣减销项税额或者销售额。

第七，增值税扣税凭证不符合法律法规，其进项税额不得抵扣。纳税人取得的增值税扣税凭证不符合法律、行政法规或者国家税务总局有关规定的，其进项税额不得从销项税额中抵扣。

第八，纳税人资料不齐全的，其进项税额不得从销项税额中抵扣。纳税人凭通用缴款书抵扣进项税额的，应当具备书面合同、付款证明和境外单位的对账单或者发票。资料不全的，其进项税额不得从销项税额中抵扣。纳税人凭中华人民共和国税收通用缴款书抵扣进项税额的，应当向主管税务机关提供书面合同、付款证明和境外单位的对账单或发票备查，无法提供资料或提供资料不全的，其进项税额不得从销项税额中抵扣。

第九，一般纳税人会计核算不健全，或者不能够提供准确税务资料的，应当申请办理一般纳税人资格认定而未申请的，应当按照销售额和增值税税率计算应纳税额，不得抵扣进项税额，也不得使用增值税专用发票。

第十，试点纳税人从试点地区取得的2012年1月1日（含）以后开具的运输费用结算单据（铁路运输费用结算单据除外），不得作为增值税扣税凭证。

第十一，已抵扣进项税额的购进货物、接受加工修理修配劳务或者应税服务发生不得抵扣进项的情形，应当将该进项税额从当期进项税额中扣减。根据《交通运输业和部分现代服务业营业税改征增值税试点实施办法》（财税〔2013〕37号）第二十七条规定："已抵扣进项税额的购进货物、接受加工修理修配劳务或者应税服务，发生本办法第二十四条规定情形（简易计税方法计税项目、非增值税应税劳务、免征增值税项目除外）的，应当将该进项税额从当期进项税额中扣减；无法确定该进项税额的，按照当期实际成本计算应扣减的进项税额。"

第十二，纳税人提供的适用一般计税方法计税的应税服务，发生服务中止或者折让而退还给购买方的增值税额，应当从当期的销项税额中扣减；发生服务中止、购进货物退出、折让而收回的增值税额，应当从当期的进项税额中扣减。

第十三，纳税人提供的适用简易计税方法计税的应税服务，因服务中止或者折让而退还给接受方的销售额，应当从当期销售额中扣减。扣减当期销售额后仍有余额造成多缴的税款，可以从以后的应纳税额中扣减。

第十四，用于适用简易计税方法计税项目、非增值税应税项目、免征增值税项目、集体福利或者个人消费的购进货物、接受加工修理修配劳务或者应税服务。其中涉及的固定资产、专利技术、非专利技术、商誉、商标、著作权、有形动产租赁，仅指专用于上述项目的固定资产、专利技术、非专利技术、商誉、商标、著作权、有形动产租赁，不得抵扣进项税额。

第十五，非正常损失的购进货物及相关的加工修理修配劳务和交通运输业服务，不得抵扣进项税额。

第十六，非正常损失的在产品、产成品所耗用的购进货物（不包括固定资产）、加工修理修配劳务或者交通运输业服务，不得抵扣进项税额。

第十七，接受的旅客运输服务，不得抵扣进项税额。

第十八，自用的应征消费税的摩托车、汽车、游艇，不得抵扣进项税额。但作为提供交通运输业服务的运输工具和租赁服务标的物的除外。

第十九，接受非试点地区纳税人的应税服务，不能抵扣进项税额。非试点地区纳税人的应税服务还开不出来专票，不是营改增范围，还是使用营业税票。

第二十，电脑、打印机、扫描仪等属于通用设备，不属于防伪税控系统的专用设备，不适用财税〔2012〕15号文规定的可以抵扣的项目。

4. 金融业纳税人增值税进项税额抵扣凭证

纳税人取得的增值税扣税凭证不符合法律、行政法规或者国家税务总局有关规定的，其进项税额不得从销项税额中抵扣。

增值税扣税凭证，是指增值税专用发票、海关进口增值税专用缴款书、农产品收购发票、农产品销售发票和完税凭证。

纳税人凭完税凭证抵扣进项税额的，应当具备书面合同、付款证明和境外单位的对账单或者发票。资料不全的，其进项税额不得从销项税额中抵扣。

5. 可以用来抵扣的增值税进项税发票

根据《国家税务总局关于纳税人对外开具增值税专用发票有关问题的公告》（国家税务总局公告 2014 年第 39 号）规定：

一、纳税人向受票方纳税人销售了货物，或者提供了增值税应税劳务、应税服务；

二、纳税人向受票方纳税人收取了所销售货物、所提供应税劳务或者应税服务的款项，或者取得了索取销售款项的凭据；

三、纳税人按规定向受票方纳税人开具的增值税专用发票相关内容，与所销售货物、所提供应税劳务或者应税服务相符，且该增值税专用发票是纳税人合法取得并以自己名义开具的。

受票方纳税人取得的符合上述情形的增值税专用发票，可以作为增值税扣税凭证抵扣进项税额。

据此，只要购买货物，接受了增值税应税劳务、应税服务的，只要取得增值税专用发票和税法规定允许抵扣的凭证，其进项税额都可以认证抵扣。17% 的专票可以抵扣。支付的咨询费属于应税服务同样可以抵扣，平时买的办公用品、电脑等固定资产、低值易耗品也能抵扣。

6. 混用进项税抵扣不可曲解公式

一般纳税人兼有简易计税或免税项目，无法划分的进项税额，按照简易计税或免税项目的销售额与全部销售额的比例计算不得抵扣的进项税额，其公式为：不得抵扣的进项税额 = 当期无法划分的全部进项税额 ×（当期简易计税方法计税项目销售额 + 免征增值税项目销售额）÷ 当期全部销售额。

公式中的"当期全部销售额"，是纳税人当月全部销售额，还是只包括无法划分的进项税额对应的销售额？答案是前者。

　　例如，某生产企业是一般纳税人，某月增值税资料如下：当月无法划分清楚的进项税额，包括原材料 D 的 51 万元，其用于应税产品 B 和免税产品 C；水电的进项税额 50 万元，用于生产应税产品 B 和免税产品 C；其他进项税额 50 万元，用于全部产品，A＋B＋C＋E，合计 151 万元。

　　上述公式中的分母，如果按照"无法划分的进项税额对应的销售额"计算，在实务中基本不具操作性。本来使用销售额比例计算不得抵扣的进项税额，就是个匡算的过程，销售额与进项税额抵扣之间没有稳定的函数关系，按销售额比例法进行换算是税收管理中常用的方法，与此同时还存在其他划分方法。按照销售额比例划分操作性较强，便于纳税人和税务机关操作。如果有更好的方法，可以在核算完备的情况下，与税务机关确认后采取更为合理的方式。但是，如果使用销售额比例法，就要严格按照文件公式，不要随意扩大理解。

　　如遇复杂情况，不但财务部门操作困难，税务机关也很难有效监管。

　　上述案例按照文件公式计算：不得抵扣的进项税额＝当期无法划分的全部进项税额×（当期简易计税方法计税项目销售额＋免征增值税项目销售额）÷当期全部销售额＝151×400÷（200＋400＋400＋1200）＝27.45（万元）。

　　一般情况下，按照文件公式计算，会比前一种计算方式转出的进项税额少。

　　账务处理如下：

　　借：制造费用、生产成本或主营业务成本　　　　　　　　274500

　　　　贷：应交税费——应交增值税（进项税额转出）　　　　274500

第八章

金融业营改增案例解读

中国金融行业营改增是中国税制改革的创举，是一项系统工程，所以并无太多经验可以借鉴，而解读现实中的案例，或许可以帮助我们打开思路。本章解读了金融业营改增纳税人申报案例，分析了大型外资银行营改增系统改造案例，介绍了深圳市推进金融业营改增的做法，探讨了江苏紫金农村商业银行的会计处理所反映的营改增对金融业的影响，描述了北京融和友信科技有限公司破解金融业营改增难题的产品与体系，并对国外金融业营改增的做法进行了探讨。

金 融 行 业 营 改 增 实 战 全 攻 略

金融业营改增纳税人申报案例解读

营改增试点工作涉及的金融业，是指经营金融保险的业务活动，包括贷款服务、直接收费金融服务、保险服务和金融商品转让。为了帮助金融业纳税人顺利申报，下面对一般纳税人和小规模纳税人的申报案例进行解读。

1. 金融业营改增一般纳税人申报案例解读

（1） 一般纳税人申报表填报顺序

一是先考虑特殊情况：预缴税款、税额抵减、免税。第一步，增值税预缴申报表；第二步，增值税纳税申报表附列资料（四）（税额抵减情况表）；第三步，增值税减免税明细表；对应主表28栏"分次预缴税额"、23栏"应纳税额减征额"、8栏"免税销售额"。

二是再归集销售额及销项税额。第四步，增值税纳税申报表附列资料（三）（服务、不动产和无形资产扣除项目明细）；第五步，增值税纳税申报表附列资料（一）（本期销售情况明细）1～11列、12～14列。

三是再归集进项税额。第六步，增值税纳税申报表附列资料（五）（不动产分期抵扣计算表）；第七步，固定资产进项税额抵扣情况表；第八步，本期抵扣进项税额结构明细表；第九步，增值税纳税申报表附列资料（二）（本期进项税额明细）。

四是生成主表。第十步，增值税纳税申报表（主表）。

（2） 一般纳税人销项业务申报表填列

某金融机构A企业为一般纳税人，2016年6月发生了如下业务。

业务一：2016年6月1日向B企业发放一笔贷款，贷款金额为1亿元，贷款期限1年，合同约定按月结息。2016年6月30日，A收到B支付贷款利息5300万元，同时开具了增值税普通发票；2016年6月5日，收到金融同业往来利息收入200万元，并开具了增值税普通发票。

业务一解析：该项业务为金融业中的贷款服务，因为贷款服务以提供贷款服务取得的全部利息及利息性质的收入为销售额，所以该企业销售额为收到还款金额中的利息收入。金融同业往来利息收入免征增值税。不含税销售额=5300÷（1+6%）=5000（万元）。销项税额=5000×6%=300（万元）。

业务一申报表填列指引：其一，一般人纳税人申报表。附表一第5栏第3列"一般计税方法6%税率"应填写5000万元；附表一第5栏第4列"一般计税方法6%税率"应填写3000万元；附表一第19栏第3列"一般计税方法6%税率"应填写200万元。其二，增值税减免税明细表。免税性质代码及名称栏选择金融同业往来利息收入免征增值税项目；增值税减免税明细表第10栏第1列填入200万元；增值税减免税明细表第10栏第3列填入200万元；增值税减免税明细表第10栏第5列填入12万元。

业务二：2016年5月买入国债，买入价为10万元，2016年6月卖出，卖出价为20万元，未开具发票；2016年5月买入股票，买入价为20万元，2016年6月卖出，卖出价为15万元，未开具发票。

业务二解析：该项业务为金融商品转让，纳税人转让金融商品，按照卖出价扣除买入价后的余额为销售额。转让金融商品出现的正负差，按盈亏相抵后的余额为销售额。若相抵后出现负差，可结转下一纳税期与下期转让金融商品销售额相抵，但年末时仍出现负差的，不得转入下一个会计年度。不含税销售额=（20+15-10-20）÷（1+6%）=4.72（万元）。销项税额=4.72×6%=0.28（万元）。

业务二申报表填列指引：一般人纳税人申报表。附表一第5栏第5列"一般计税方法6%税率"应填写33.02（35÷1.06）万元；附表一第5栏第6列"一般计税方法6%税率"应填写1.98（33.02×6%）万元；附表一第5栏第9列"一般计税方法6%税率"应填写33.02（35÷1.06）万元；附表一第5栏第10列"一般计税方法6%税率"应填写1.98（33.02×6%）万元；附表一第5栏第11列"一般计税方法6%税率"应填写35万元；附表一第5栏第12列"一般计税方法6%税率"应填写30万元；附表一第5栏第13列

"一般计税方法6%税率"应填写5万元；附表一第5栏第14列"一般计税方法6%税率"应填写0.28万元；附表三第4栏第1列"6%税率的金融商品转让项目"应填写35万元；附表三第3栏第3列"6%税率的金融商品转让项目"应填写30万元；附表三第3栏第4列"6%税率的金融商品转让项目"应填写30万元；附表三第3栏第5列"6%税率的金融商品转让项目"应填写30万元。

业务三：2016年6月发生直接收费金融服务业务，管理资金530万元，按2%收取管理费，并开具了增值税专用发票。

业务三解析：该项业务为直接收费金融服务，以提供直接收费金融服务收取的手续费、佣金、酬金、管理费、服务费、经手费、开户费、过户费、结算费、转托管费等各类费用为销售额。不含税销售额＝530×2%÷（1+6%）＝10（万元）。销项税额＝10×6%＝0.6（万元）。

业务三申报表填列指引：一般人纳税人申报表。附表一第5栏第1列"一般计税方法6%税率"应填写10万元；附表一第5栏第2列"一般计税方法6%税率"应填写0.6万元。

（3）一般纳税人进项业务申报表填列

仍以某金融机构A企业为一般纳税人为例，其于2016年6月发生以下购进项目，取得增值税抵扣凭证，并在当月进行抵扣，具体业务如下。

一是17%税率的进项。

业务一：购买打印机一台，不含税金额为1000元，并取得对方开具的增值税专用发票，当月进行认证抵扣。

业务一解析：进项税额为1000×17%＝170（元）。

业务一申报表填列指引：一般纳税人申报表。附表二第2栏"本期认证相符且本期申报抵扣"金额应填写1000元，税额应填写170元；附表"固定资产（不含不动产）进项税额抵扣情况表""增值税专用发票"栏当期申报抵扣的固定资产进行税额应填写170元；附表"本期抵扣进项税额结构明细表"第2栏"17%税率的进项"金额应填写1000元，税额应填写170元。

业务二：以经营租赁方式租入一辆货车，支付租赁费2000元，取得了对方开具的增值税专用发票，当月进行认证抵扣。

业务二解析：进项税额为 2000×17% =340（元）。

业务二申报表填列指引：一般纳税人申报表。附表二第 2 栏"本期认证相符且本期申报抵扣"金额应填写 2000 元，税额应填写 340 元；附表"本期抵扣进行税额结构明细表"中第 3 栏"有形动产租赁的进项"金额应填写 2000 元，税额应填写 340 元。

二是 11% 税率的进项。

业务一：购进材料取得货运企业开具的增值税专用发票，金额 10 万元，税额 1.1 万元。

业务一解析：进项税额 =10×11% =1.1（万元）。

业务一申报表填列指引：一般纳税人申报表。附表二第 2 栏"本期认证相符且本期申报抵扣"金额应填写 10 万元，税额应填写 1.1 万元；附表"本期抵扣进项税额结构明细表"第 6 栏"运输服务的进项"金额应填写 10 万元，税额应填写 1.1 万元。

业务二：修缮办公楼取得建筑企业开具的增值税专用发票，金额 20 万元，税额 2.2 万元。

业务二解析：进项税额 =20×11% =2.2（万元）。

业务二申报表填列指引：一般纳税人申报表。附表二第 2 栏"本期认证相符且本期申报抵扣"金额应填写 20 万元，税额应填写 2.2 万元；附表"本期抵扣进项税额结构明细表"第 8 栏"建筑安装服务的进项"金额应填写 20 万元，税额应填写 2.2 万元。

业务三：租入仓库取得增值税专用发票，金额 30 万元，税额 3.3 万元。

业务三解析：进项税额 =30×11% =3.3（万元）。

业务三申报表填列指引：一般纳税人申报表。附表二第 2 栏"本期认证相符且本期申报抵扣"金额应填写 30 万元，税额应填写 3.3 万元；附表"本期抵扣进项税额结构明细表"第 9 栏"不动产租赁服务的进项"金额应填写 30 万元，税额应填写 3.3 万元。

三是 6% 税率的进项。

业务一：取得商业银行开具的资金管理费增值税专用发票，金额 10 万元，税额 0.6 万元。

业务一解析：进项税额 = $10 \times 6\% = 0.6$（万元）。

业务一申报表填列指引：一般纳税人申报表。附表二第 2 栏"本期认证相符且本期申报抵扣"金额应填写 10 万元，税额应填写 0.6 万元；附表"本期抵扣进项税额结构明细表"第 13 栏"金融保险服务的进项"金额应填写 10 万元，税额应填写 0.6 万元。

业务二：取得保险公司开具的财产保险增值税专用发票，金额 20 万元，税额 1.2 万元。

业务二解析：进项税额 = $20 \times 6\% = 1.2$（万元）。

业务二申报表填列指引：一般纳税人申报表。附表二第 2 栏"本期认证相符且本期申报抵扣"金额应填写 20 万元，税额应填写 1.2 万元；附表"本期抵扣进项税额结构明细表"第 13 栏"金融保险服务的进项"金额应填写 20 万元，税额应填写 1.2 万元。

四是 5% 征收率的进项。

业务：购入办公楼取得增值税专用发票，金额 1000 万元，税额 50 万元。

业务解析：进项税额 = $1000 \times 5\% = 50$（万元）。当期允许抵扣的进项税额 = $50 \times 60\% = 30$（万元）。

业务二申报表填列指引：一般纳税人申报表。附表二第 2 栏"本期认证相符且本期申报抵扣"金额应填写 1000 万元，税额应填写 50 万元；在附表二第 9 栏"本期用于构建不动产的扣税凭证"金额应填写 1000 万元，税额应填写 50 万元；附表二第 10 栏"本期不动产允许抵扣进项税额"税额应填写 30 万元。

五是 3% 征收率的进项。

业务：对本企业办公楼进行装修，发生装修支出 10000 元（不含税），取得小规模纳税人在国税局代开的增值税专用发票。

业务解析：进项税额 = $10000 \times 3\% = 300$（元）。

业务申报表填列指引：一般纳税人申报表。附表二第 2 栏"本期认证相符且本期申报抵扣"应填写金额 10000 元，税额应填写 300 元；附表"本期抵扣进行税额结构明细表"中第 22 栏"建筑安装服务的进项"金额应填写 10000 元，税额应填写 300 元。

六是 1.5% 征收率的进项。

业务：向某个体工商户租赁住房作为办公用地，向个体工商户支付租金共计 5.25 万元，取得个体工商户由国税局代开的增值税专用发票。

业务解析：不含税金额为 5.25 ÷（1 + 5%）= 5（万元）。进项税额为 5 × 1.5% = 0.075（万元）。

业务申报表填列指引：一般纳税人申报表。附表二第 2 栏"本期认证相符且本期申报抵扣"金额应填写 5 万元，税额应填写 0.075 万元；附表"本期抵扣进项税额结构明细表"中第 27 栏"减按 1.5% 征收率的进项税"金额应填写 5 万元，应填写税额 0.075 万元。

（4）进项税额转出额

仍以某金融机构 A 企业为一般纳税人为例，进项税额转出额方面发生如下业务。

业务一：2016 年 5 月购买材料，金额 10 万元，税额 1.7 万元，取得增值税专用发票，并在当月进行了认证抵扣。2016 年 6 月，此批材料该用于免税项目上。

业务一解析：由于转用于免税项目上，应做进项税额转出。

业务一申报表填列指引：一般纳税人申报表。附表二第 14 栏"免税项目用"应填写税额 1.7 万元。

业务二：2016 年 5 月购买一批手机，金额 10 万元，税额 1.7 万元，取得增值税专用发票，并在当月进行了认证抵扣。2016 年 6 月，此批手机用于了集体福利。

业务二解析：由于转用于集体福利项目上，应做进项税额转出。

业务二申报表填列指引：一般纳税人申报表。附表二第 15 栏"集体福利、个人消费"应填写税额 1.7 万元。

业务三：2016 年 5 月购买材料，金额 10 万元，税额 1.7 万元，取得增值税专用发票，并在当月进行了认证抵扣。2016 年 6 月，此批材料因管理不善而丢失。

业务三解析：由于发生非正常损失，应做进项税额转出。

业务三申报表填列指引：一般纳税人申报表。附表二第 16 栏"非正常损失"应填写税额 1.7 万元。

业务四：2016 年 5 月购买材料，金额 10 万元，税额 1.7 万元，取得增值税专用发票，并在当月进行了认证抵扣。2016 年 6 月，此批材料该用于简易计税方法征税项目上。

业务四解析：由于转用于简易计税方法征税项目上，应做进项税额转出。

业务四申报表填列指引：一般纳税人申报表。附表二第 17 栏"简易计税方法征税项目用"应填写税额 1.7 万元。

业务五：2016 年 5 月购买材料，金额 10 万元，税额 1.7 万元，取得增值税专用发票，并在当月进行了认证抵扣。2016 年 6 月，发现此批材料有质量问题，于是给销售方退货，并且开具了红字专用发票信息表。

业务五解析：由于发生退货，应做进项税额转出。

业务五申报表填列指引：一般纳税人申报表。附表二第 20 栏"红字专用发票信息表注明的进项税额"应填写税额 1.7 万元。

（5）不动产分期抵扣

仍以某金融机构 A 企业为一般纳税人为例，不动产分期抵扣方面发生了如下业务。

业务一：2016 年 6 月 1 日，纳税人买了一座楼办公用，金额 1000 万元，进项税额 110 万元，取得对方开具的增值税专用发票。

业务一解析：增值税一般纳税人 2016 年 5 月 1 日后取得并在会计制度上按固定资产核算的不动产，其进项税额分两年从销项税额中抵扣，第一年抵扣比例为 60%，第二年抵扣比例为 40%。60% 的部分于取得扣税凭证的当期从销项税额中抵扣；40% 的部分为待抵扣进项税额，于取得扣税凭证的当月起第 13 个月从销项税额中抵扣。6 月当月抵 66 万元，2017 年 6 月（第 13 个月）再抵扣剩余的 44 万元。

业务一申报表填列指引：一般纳税人纳税申报表。附表五第 2 列"本期不动产进项税额增加额"应填写 110 万元；附表五第 3 列"本期可抵扣不动产进项税额"应填写66万元；附表五第6列"期末待抵扣不动产进项税额"应为44万元。

业务二：假设2017年4月纳税人就将办公楼改造成员工食堂了。（这期间无其他不动产进项）

其一，如果这时该不动产净值500万元（五成新），不动产净值率就是50%（千分之五百）。

业务二其一解析：不得抵扣的进项税额为55（110×50%）万元，小于已抵扣的进项税额66万元，按照政策规定，这时应将已抵扣的66万元进项税额转出55万元即可（在附表二中做进项转出即可）。

业务二其一申报表填列指引：一般纳税人纳税申报表。此时附表五第1列"期初待抵扣不动产进项税额"为44万元；附表五第2列"本期不动产进项税额增加额"应填写0元；附表五第3列"本期可抵扣不动产进项税额"应填写0元；附表五第4列"本期转入的待抵扣不动产进项税额"应填写0元；附表五第5列"本期转出的待抵扣不动产进项税额"应填写0元。

其二，如果这时该不动产净值900万元（九成新），不动产净值率就是90%。

业务二其二解析：不得抵扣的进项税额为99万元，大于已抵扣的进项税额66万元，按照政策规定，这时应将已抵扣的66万元进项税额全部转出（附表二做进项税额转出66万元），并且将99万元与66万元的差额33万元从该不动产待抵扣进项税额44万元中扣减。

业务二其二申报表填列指引：一般纳税人纳税申报表。此时附表五第1列"期初待抵扣不动产进项税额"为44万元；附表五第2列"本期不动产进项税额增加额"应填写0元；附表五第3列"本期可抵扣不动产进项税额"应填写0元；附表五第4列"本期转入的待抵扣不动产进项税额"应填写0元；附表五第5列"本期转出的待抵扣不动产进项税额"应填写33万元；附表五第6列"期末待抵扣不动产进项税额"应为11万元。

2. 金融业营改增小规模纳税人涉税账务处理后的申报表填写

（1）金融业营改增小规模纳税人涉税账务处理

某县农村商业银行为新开业小规模纳税人，2016年三季度发生如下经济业务。

业务一：第三季度取得贷款利息收入 1000 万元，其中加罚利息 30 万元、与 B 银行资金往来业务取得利息收入 100 万元。则应交增值税 $1000 \div 1.03 \times 0.03 = 291262.14$（元）。

业务一涉税账务处理：

借：应收利息　　　　　　　　　　　　　　　　10000000

　　贷：利息收入　　　　　　　　　　　　　　9708737.86

　　　　应交税费——应交增值税　　　　　　　291262.14

业务二：第三季度 7 月 1 日购买债券支付价款 3150 万元，9 月 20 日转让购入的债券取得收入 3232 万元。二季度末"增值税申报表附列资料（三）"金融商业转让栏中"期初余额"为 50 万元。则扣除项目为 $3150 + 50 = 3200$（元）；扣除后税额确认为 $(3232 - 3200) \div 1.03 \times 0.03 = 9320.39$（元）。

业务二涉税账务处理：

借：交易性金融资产　　　　　　　　　　　　　31500000

　　贷：存放中央银行款项　　　　　　　　　　31500000

借：存放中央银行款项　　　　　　　　　　　　32320000

　　贷：交易性金融资产　　　　　　　　　　　31500000

　　　　投资收益　　　　　　　　　　　　　　820000

借：投资收益　　　　　　　　　　　　　　　　9320.38

　　贷：应交税费——应交增值税　　　　　　　9320.38

申报缴税后：

借：应交税费——应交增值税　　　　　　　　　300582.52

　　贷：存放中央银行款项　　　　　　　　　　300582.52

（2）金融业营改增小规模纳税人申报表填写

一是附列资料中应税行为（3% 征收率）扣除额计算：期初余额 1 填写 500000.00 元，本期发生额 2 填写 31500000.00 元，本期扣除额 3 填写 32000000.00 元，期末余额 4 自动生成金额为 0.00 元。

二是附列资料应税行为（3% 征收率）计税销售额计算：全部含税收入

（适用 3% 征收率）5 填写 42320000.00 元（业务一＋业务二），本期扣除额 6 自动生成 32000000.00 元，含税销售额 7 自动生成 10320000.00 元，不含税销售额 8 自动生成 10019417.48 元。

三是小规模增值税主表第 1 栏，应征增值税不含税销售额（3% 征收率）服务、不动产和无形资产金额为 10019417.48 元，第 15 栏本期应纳税额服务、不动产和无形资产税额为 300582.52 元。

（3）金融业企业小规模纳税人网上申报流程指引（以深圳国税官网为例）

第一步，进入深圳国税官网网上办税服务厅。深圳国税官网网上办税服务厅的网址是：http：//www. szgs. gov. cn/bswmh/inspur. bsfw. login. LoginNaNd。

第二步，登录。账号为纳税人识别号或者社会统一信用代码，初始密码为国税编码。

第三步，点击左侧菜单"办税服务区"的下级菜单"办税区""申报缴税"。

第四步，填写申报表后保存，点击"扣款"，网上申报即完成。

大型外资银行营改增系统改造案例分析

对于金融行业中份额最大的银行业，营改增面临的难题有哪些呢？对此，很多人认为银行业实施营改增的难点主要在于进行流程改造、实施信息技术系统改造、实现业务与税务配合衔接等。在这方面，某大型外资银行 B 的系统改造的做法值得借鉴。

B 是一家大型外资银行，现行的信息系统大致分为前台系统、中台系统、核心系统以及总账系统等。目前除贵金属业务缴纳增值税以外，其他业务收入均缴纳营业税，税务处理也较为简单。但是未来在增值税体制下，企业的系统需要能够对复杂的业务体系进行梳理，实现交易明细的数据筛选和交易认定，并从增值税角度对一些特殊事项进行处理。为此，B 银行针对主要的系统改造点采取了改造措施。

1. 销项税管理

发票管理：B 银行的分支机构分布全国各地，为了实现对发票库存的全流程管理，需要在系统中设置发票的"进销存"管理模块，从而能够准确及时地反映各地在发票领购、分发、耗用、上交等各环节的实际情况。

增值税发票打印：B 银行需要实现各网点打印，且不允许跨省开票，因此正确完成税控机的部署十分重要，否则将无法进行增值税专用发票和普通发票的无差别打印。同时，B 银行需要对发票号码段状态进行监控和管理。

增值税发票对账：如果 B 银行每个网点都能够进行发票打印，则 B 银行需要在系统层面实现对全网点发票状态的查询与对账功能。

2. 交易认定

为了在核心系统和众多外围系统中完成交易明细的正确认定，通过交易认定实现正确的价税分离，B 银行需要对现有系统进行以业务为导向的梳理。通过对业务类型、是否有特殊事项等信息的匹配，确保银行各业务收入可以按照正确税率完成价税分离，从而根据完整信息进行开票。

3. 特殊事项的税务处理

特殊事项的税务处理包括实物或服务赠送、银行卡业务等。在银行交易中，经常会出现附赠实物或服务的情形。如果未来这部分实物或服务被视同为销售并需要缴纳增值税的话，那么系统应对此事项做出准确的反应和处理。由于相关的增值税政策尚未出台，有关这一事项的系统改造需要考虑后期方案调整的可能性。

银行卡业务形态繁复、结算方式复杂，B 银行需要对其进行重点梳理，并且同样可能需要等待具体政策出台后进行部分方案的调整。

4. 系统改造形式

B 银行信息系统复杂，在实施系统改造前考虑了以下两种形式：

第一，直接根据银行的需求对系统进行内部改造或定制化改造——这一形式可以满足银行的日常操作及对外报表需求，但需要对银行的系统进行部分改造。

第二，为了实现增值税集中管理、满足政策出台的时间性要求，将销项税管理、进项税管理、系统对账、纳税申报、监控预警等功能"打包"成外挂系统进行独立设置——这一形式下，外挂系统功能独立，其整合性和可扩展性较强。

B 银行综合考虑上述情况后，结合自身业务及系统的复杂程度考虑，最终选择了外挂方案加部分内部改造的形式。

通过系统改造，B 银行的工作效率和业绩得到了很大提升。

深圳市金融业营改增平稳有序推进

营改增成为国税系统 2016 年以来的中心工作。营业税改征增值税，国税部门纳税人大幅增加，给税收征管工作带来了很大压力，这点在深圳尤其明显。金融业是深圳最重要的支柱产业之一。2015 年，全市金融业总资产达 9.19 万亿元，产出约占全市同期 GDP（国内生产总值）比重 15%，经济地位举足轻重，其营改增成功与否直接影响和决定全市此次税制改革的工作成败。

作为负责全市金融业营改增业务的主管部门，深圳市国家税务局海洋石油税收管理分局（以下简称"海洋分局"）勇挑重担，知难而上，周密部署，精心组织，发扬"特别能吃苦、特别能战斗、特别能奉献"的铁军精神，以"五个精准把握"，匠心耕作，攻坚克难，使深圳市金融业营改增工作取得阶段性成效，实现了资格认定、培训辅导、发票发售、纳税申报和样本税负测算"五个 100%"，高质量地完成了市局党组交付的工作任务，为深圳市金融企业改革发展做出了突出贡献。

1. 精准把握工作态势， 确保关键节点顺利畅通

明确节点，细化责任，打好三大关键战役。自营改增试点工作全面推行以来，海洋分局根据市局的统一部署，成立营改增工作领导小组，制定营改增试点工作方案，将分局营改增工作细分为"八大任务 26 项指标"，明确各环节、各时点的目标任务、工作要求、完成时限、主办科室和协办科室，强调做好数据清理、资格认定、发票领用、培训辅导、数据审核等重点工作，确保打好"五月开好票、六月报好税、七月分析好"三大关键战役。

沟通协调，环环相扣，做好工作督促通报。运用倒计时方式，将营改增

工作任务的 26 个具体事项，列表张贴公示，把每个具体事项细化分解到科、落实到岗、责任到人，明确时间节点，统一工作流程，指定专人负责跟踪进度督办，实现办结销号工作制度，每周定期通报工作细项完成情况。各科室各岗位各负其责，主动放弃午休周末，以"五加二""白加黑"的精神，加班加点，连续作战，在分局形成了工作不分彼此、责任不推你我、上下联动、共同担当的良好局面。

优化资源，畅通渠道，确保征期申报顺利。面对营改增后征管工作量激增、征管人手十分紧缺的实际情况，分局挖潜掘能，在合理调配优化现有人力资源的基础上，增设办税窗口，调配前台人员，设置首次申报专窗和绿色专用通道，增设预审岗位，组建"突击排头兵"和"应急预备队"，安排分局人员和外包服务商人员驻点值班，加大导税服务，以缓解前台人手严重不足的征管压力。

2. 精准把握改革方向，确保税收政策落实到位

主动介入，未雨绸缪，把握税收工作主动。从 2015 年下半年开始，海洋分局主动走访深圳地税部门，了解掌握全市金融业的征管现状和网点分布及税源结构，着手收入摸底和数据测算；选取"平安系""招商系""中信系"等重点税源企业，通过"走出去、请进来"等方式，深入开展调研走访，一方面掌握企业营改增前期准备工作情况；另一方面了解纳税人的涉税诉求，将企业反映最集中的诸如客户发票如何开具、原有营业税优惠是否延续、总分机构进项税额如何抵扣等热点问题及时报告市局。同时分赴北京、上海、广州等地学习取经，了解各地金融企业营改增的征管模式，共同探讨营改增税制改革可能造成的税负影响与征管难点。2015 年 5 月和 6 月，分局分别起草并向市局呈递了《关于对全市金融业营改增业务实行集中征管的建议》和《关于我市金融业营改增业务集中征管的补充说明》，主动为市局献计献策、排忧解难。

释疑答问，排忧解难，推进纳税申报进度。自 2016 年 3 月 5 日李克强总理宣布全面推行营改增试点以来，分局纳税咨询人数激增。分局想纳税人之所想，急纳税人之所急，迅速安排业务骨干充实 12366 远程坐席，实行 A、B 角轮流值班接听；增设营改增咨询服务热线，指定专人负责接听科室咨询电

话，并通过分局子网页上公布各科室职能及联系电话，确保纳税人提出的问题都能得到及时有效解答。同时，邀请平安集团、招商银行、国信证券等重点税源企业多次召开专项政策研讨会，共同探讨金融业营改增税收政策疑点难点问题。

跟踪落实，反馈信息，做好政策效应分析。根据总局和市局要求，建立营改增企业税负数据分析与典型调查机制，密切关注样本企业税负变动情况，对金融业营改增政策效应实施监控分析。

3. 精准把握改革契机， 确保培训辅导全面覆盖

分期分批，内训外宣，培训对象全面覆盖。针对管户较少、大户集中的特点，海洋分局确定"纳税人行业集训、税务人全员轮训"的培训思路，抽调业务骨干组建师资团队，加班加点编写培训课件和宣传手册，邀请知名师资和有关专家讲解金融业营改增的背景意义、政策要点和征管难点，分享金融业营改增调研测算工作成果，对所辖金融企业实行多层次、多角度的政策及操作培训，主动"送课上门"，打通纳税服务的"最后一公分"。

截至7月底，分局累计组织举办各类业务培训（含现场培训、直播培训、视频培训、上门辅导和座谈）46场，培训企业22345人次，印发资料8000余份，培训企业户数和人次涵盖分局全部企业，覆盖率远远超过100%。

细分业务，梳理流程，工作环节全面覆盖。利用行业集中管理的平台与优势，海洋分局将金融企业的各项业务与营改增相关政策要点一一对应，并结合征管操作流程，重点讲解金融各项业务原营业税与增值税的征税范围、计税依据和适用税率的异同以及各项业务办理的征管要求，确保每位办税人员既了解掌握营改增政策，又熟悉掌握纳税申报的工作流程，提高业务培训的针对性与适用性。

结合征管，突出重点，政策解读全面覆盖。自宣布全面推行营改增以来，财政部、国家税务总局和市局相继颁布出台多项税收政策文件，市局也不断发布营改增工作操作指南。政策文件众多，办税指南繁杂，纳税人难免眼花缭乱、无所适从。海洋分局秉承突出重点、讲透政策的原则，从众多繁杂的政策文件及办税指南中提炼要点，筛选所辖金融企业适用的政策条款章节，就纳税人使用频率高、适用范围广、影响程度大的政策文件，编发政策解读。

4. 严把审核关，确保样本企业税负测算

海洋分局专项培训，逐户辅导，严格把住责任关口。作为重点行业，分局所辖金融企业基本被指定为样本企业，占全市样本比例近四成。时间紧，任务急，要求高，一个环节耽误就可能影响全局，一刻时间延迟就可能步步落后。

为做好样本企业税负分析，分局除通过电话、网络和公众号等远程指导外，还充分运用 QQ 群咨询平台，提供 24 小时全天候答疑服务，同时迅速对所辖全部样本企业分期分批进行专题培训，重点结合实际案例逐表逐项讲解申报填列方法，讲解和演示网上申报软件和发票查询平台升级功能，确保每一户样本企业均能掌握增值税网上申报操作。

同时，该分局责任压实，重点测算，严格把住审核关口。制订分局税负分析工作方案，编制营改增税负工作任务分解表，抽调业务骨干成立专家团队，建立样本企业申报三级审核机制，将工作任务细化分解，层层压实责任，逐项落实到人。对纳税人填报的申报表及税负测算表，先由税收管理员逐户、逐表、逐项目地进行初审，科室交叉复审后，再由专家团队进行抽审确认，从而确保数据准确完整。

据悉，海洋分局明确口径，精确上报，严格把住时间关口。按照总局和市局工作要求，围绕税负分析"精准"的核心要求，组建专家团队，实现集中办公，细化跟踪样本企业的税负变化，摸查新增不动产抵扣情况，落实专人分析行业税负、专人校对分析结果、专人撰写分析报告制度。对于出现税负上升的企业，逐户分析原因，查找纳税人税负上升的关键因素。严格把握样本企业申报期限，每日通报申报进度，及时沟通企业申报情况，加班加点务求保证按时按质上报样本企业税负分析报告。

5. 特色服务纵深联合，构建税企和谐关系

海洋分局抓住税制改革的"关键期"，打造税企之间的"蜜月期"。换位思考，贴心服务，构建税企和谐关系。营改增期间，分局共收到纳税人表扬性锦旗牌匾 9 幅。

考虑到管户的行业特征，分局对所辖金融企业提供"一对一"的特色服

务，召集专场辅导，开辟绿色通道，提供预约服务，延长办税时间，提供全程咨询，关注涉税诉求，为所辖金融企业贴心办理各类涉税事项。在优化办税流程上，合理分流，分批分段，错峰办理涉税事项；在优化发票管理上，摸清底数，预判用量，调配库存，实行提前预约和邮政配送服务；在优化纳税申报上，成立辅导突击队，提供申报预审，推行网络办税，确保企业准确完整申报。通过更加贴心的辅导、更为周到的服务、更为细致的帮助，构建了和谐共赢、亲密合作的"鱼水"关系。

此外，海洋分局打造新型服务平台。分局一方面继续巩固完善"税收大家谈"QQ群，充分发挥疑难问题在线解答的"互动"效应；另一方面顺应潮流创新理念，借助"互联网＋"，积极创建分局微信公众号，召集业务骨干成立微信管理团队，挑选题材，提炼亮点，面向全体纳税人定期通报税收工作动态、发布最新税收政策、传导办税工作指引。自4月创建以来，分局通过微信公众号累计发布推送图文83篇，关注人数近1万人次。内容涵盖丰富，图文形式新颖，大力突显税收政策网络宣传的"推送"效应，受到纳税人的充分肯定和广泛好评，被誉为海洋分局贴心服务的"小管家"。

据介绍，海洋分局纵深联合，协同作战，发挥行业管理优势。加强与市政府金融办、银监局、证监局、保监局和四个金融行业协会的主动联系，联合开展税政调研和税法宣传，积极推行税收协同服务。充分利用专业化税收管理优势，建立涉税信息实时共享机制和联席会议机制，多次邀请上述"一办三局四会"和重点税源企业召开营改增研讨座谈会，多渠道多途径收集金融企业营改增遇到的政策疑点与征管难点，全覆盖多维度听取行业主管部门和纳税人关于税制改革的意见和建议，共同研究解决营改增过程中出现的热点难点问题，变单兵作战为兵团作战，变个体独立作战为部门协同作战，积极发挥行业主管部门和行业协会等组织的协税护税作用。

从江苏紫金农村商业银行的会计处理
看营改增对金融业的影响

营改增对金融业企业究竟产生了哪些影响？我们先来看一下江苏紫金农村商业银行营改增的会计处理情况。

紫金农村商业银行向当地一家服装厂发放贷款，2014 年第一季度含税贷款利息 5.65 万元，季末收到利息，同时当季度付出该企业含税存款利息支出 3.39 万元。假设该银行适用于 13% 的增值税税率，则怎样对该银行进行会计处理？

由于贷款利息产生的销项税额 = 56500 ÷ （1 + 13%）× 13% = 6500 （元），利息支出产生的进项税额 = 33900 ÷ （1 + 13%）× 13% = 3900 （元）。应编制会计分录为：

当取得贷款利息收入时：

借：应收利息——服装厂应收利息户　　　　　　56500

　　贷：利息收入——短期贷款利息收入　　　　50000

　　　　应交税费——应交增值税（销项税额）　6500

同时，

借：吸收存款——单位活期存款——服装厂户　　56500

　　贷：应收利息——服装厂应收利息户　　　　56500

当付出利息支出时：

借：利息支出——服装厂活期存款利息支出户　　30000

　　应交税费——应交增值税（进项税额）　　　3900

　　贷：应付利息——服装厂活期存款应付利息户　33900

证券行业与保险行业日常主要收入为相关业务的手续费及佣金，他们几乎没有进项税额抵扣来源。如果还是按照常规的增值税处理方法，必然会加重这些行业的税收负担，制约证券业与保险业的发展，以致在全球公开金融市场中失去竞争力。这时我们可以简易征收的办法，其取得的手续费及佣金一律按 3% 税率征收增值税。

江苏紫金农村商业银行营改增会计处理反映了营改增对金融企业账务处理的影响。当然，营改增对金融企业的影响并非仅止于此，综合来看其影响体现在以下几个方面。

1. 营改增对金融企业账务处理的影响

商业银行所提供的应税服务主要为存贷款、资金清算业务、国内支付结算业务、外汇业务、固定资产的购买与清理、中间业务、理财产品、保险、同行业拆借等业务。征收增值税的方法是通过计算进项税额与销项税额的差额来确定应该缴纳增值税的多少。其中，进项税额与销项税额是通过增值税发票来确定的，而银行的贷款、结算、理财等许多业务是很难取得增值税发票的，所以银行业应该按照营业收入与营业成本的差额进行征收。同时也应明确应税项目和免税项目，对于不同的应税项目，应该采用不同的增值税征收方法。银行大部分经营收入来自个人企业贷款利息收入、销售理财、保管物品收取的手续费用及佣金收入、其他业务收入、汇兑损益、投资收益，其中中间业务收取服务费和佣金收入的应该采用简易征收办法。银行的主要营业成本为存款利息支出、银行之间往来支出、业务及管理费等。银行取得营业收入，应增加"应交税费——应交增值税（销项税额）"这一栏目，用于记录其销项税额。同样发生业务支出时，应增加"应交税费——应交增值税（进项税额）"这一栏目，用于记录其销项税额。当月末进行纳税申报时，根据进销税差额来确定当期所纳增值税税额。

2. 营改增对金融企业财务报表披露的影响

对金融行业实行营改增后，金融企业日常购买的固定资产、机械设备、打印机和低值易耗品产生的进项税额可以抵扣了。在资产负债表中，由于进项税额的抵扣，固定资产原值账面价值将减少，累计折旧也将随之减少。负债类应交税金项应增加"应交增值税"这一科目。应交营业税也将不再列报，利润表中的营业税金及附加也将不复存在，成本费用就会减少，增加了企业的利润，同时对资产负债表中的未分配利润这一科目也会有所增加。在现金流量表上由于增值税进项税额可以进行抵扣，从而会使金融企业投资活动的现金流出有上升趋势。取缔营业税之后会使金融企业的成本费用下降，经营活动产生的现金流量会有所增加。

3. 营改增对金融企业税负的影响

金融企业营业税课税基础较为沉重，作为商业银行主营业务收入来源的贷款利息收入要以其全额计征营业税，在此基础上，再以所缴纳的营业税为税基，缴纳教育费附加（3%）及城市建设维护税（7%），综合税负在5.5%

以上。比之于执行3%营业税税率的交通运输、建筑安装、电信通信等其他劳务输出行业，处于较高水平。综合税基包括收取的价外费用、手续费及佣金，又在增值税链条中断、利率管制等因素的作用下，金融企业实际税负更高。一旦对金融企业实施营改增，必定会对其税负带来举足轻重的影响。营改增主要是在现行增值税17%标准税率和13%低税率基础上，新增11%和6%两档低税率。国家税制机构对金融企业出台的增值税税率，也会对金融企业带来一定程度上的影响。所以实行营改增对金融企业总体来说税负应该是减轻的，但究竟降低到什么程度还有很大的不确定性。

北京融和友信科技有限公司全力以赴
破解金融业营改增难题

国务院总理李克强在2016年3月召开的第十二届全国人民代表大会第四次会议上指出："全面实施营改增，从5月1日起将试点范围扩大到建筑业、房地产业、金融业、生活服务业。"这标志着金融业营改增已经进入冲刺阶段。金融业营改增系统目前需要面对以下难题：业务复杂，涉税业务交易认定困难；涉税业务系统较多，改造风险大；各地区政策落地差异化支持。

北京融和友信科技有限公司（以下简称"融和友信"）全力以赴，结合多家客户的营改增实施经验及多年金融行业系统建设经验，提供"标准化产品＋标准化实施＋差异化数据处理＋标准化税票接口＋项目快速交付体系"，破解金融业营改增难题。

1. 融和友信的标准化产品

融和友信增值税管理系统采用"松耦合、外挂式"系统应用模式。如图8－1所示。

通过外挂系统方式，节约企业系统改造成本，最大限度地降低系统改造风险：一是前端业务系统"0改造"，业务系统仅作为数据供给系统，基本不影响现有业务系统处理流程及核算规则；二是价税分离自动化、标准化，通过成熟的数据采集接口和标准化的计税参数规则设置，自动完成开票数据和

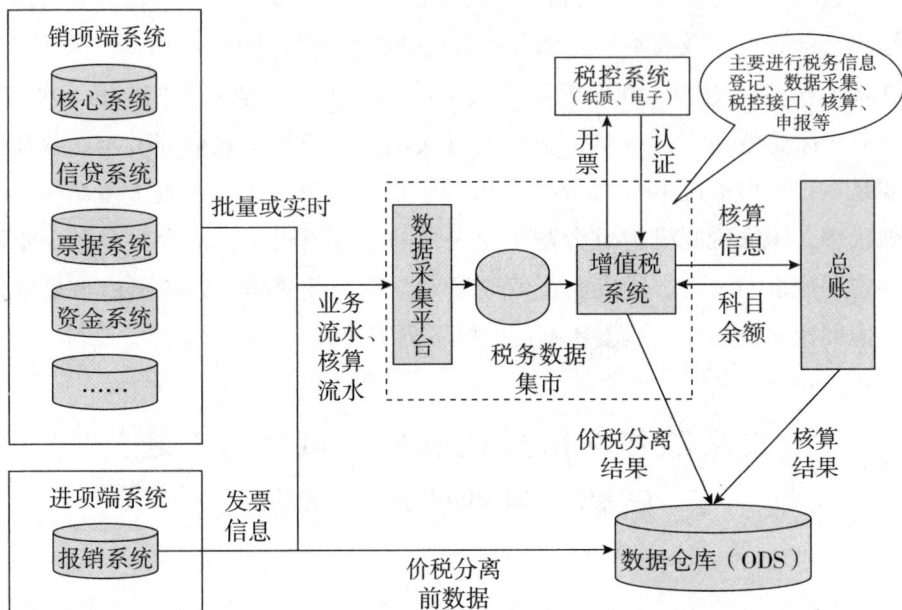

图 8-1 融和友信的"松耦合、外挂式"系统应用模式

核算结果的价税分离；三是与税控系统无缝连接，支持发票集中管理、自动开票。

针对金融业营改增的特殊性，融和友信与中翰税务师事务所、百望股份有限公司联合推出金融业营改增系统解决方案。如图 8-2 所示。

定义增值税税务相关的基本参数，包括纳税主体、交易对手、税种税率、产品设置、税务日历、开票点维护等。

数据集市包括：定义用于增值税管理系统所需业务数据的数据模型、接口规则、调度任务等；接收并建立各类业务数据、财务数据的数据台账；提供特殊业务的数据补录功能。

系统管理功能包括角色权限、业务流程、参数管理、公告平台等。

销项税管理包括：建立增值税发票电子台账，用于增值税发票的日常管理；获取业务系统的开票信息，完成收入类数据的价税分离；建立与税控开票子系统的开票接口，完成正常开票、合并或拆分开票、发票内容调整、发票套打、红冲等操作；提供销项发票的对账功能，满足稽核要求；提供销项税发票余额预警、抄报税预警、作废或红冲预警功能。

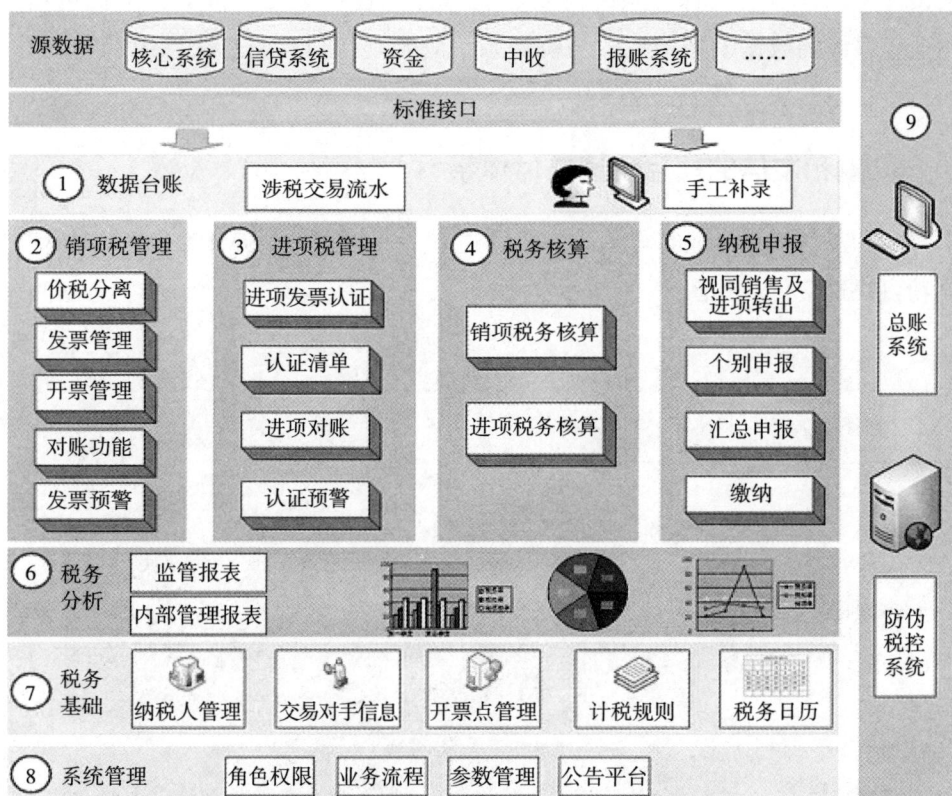

图 8-2 融和友信联合推出的金融业营改增系统解决方案

进项税管理包括：建立与认证报税子系统的认证接口，接收增值税发票认证结果；建立进项税认证电子台账，记录进项税发票的认证情况；提供进项发票的对账功能，满足稽核要求；提供进项税发票的过期预警功能。

税务核算包括：接收、生成销项税业务的核算流水并传入总账系统；接收、生成进项税业务的核算流水并传入总账系统。

纳税申报包括：提供对视同销售、进项转出等业务处理功能；建立纳税申报任务，编制个别纳税申报表、汇总纳税申报表；提供纳税申报调整功能；提供申报表的导出、存档功能。

税务分析方面提供用于税务管理的相关分析报表，如同比分析、趋势分析、比重分析等。

系统接口方面结合金融业目前的系统架构以及增值税管理系统"外挂式"

的设计思路，增值税管理系统需要建立与其他业务系统的接口，主要包括：与业务系统的数据采集接口；与税控系统的开票接口；与总账系统的日终并账接口；与其他 IT 系统的接口。

2. 融和友信的项目快速交付体系

融和友信为金融业客户营改增特别建立"三级技术服务体系"，保障营改增项目快速交付。如图 8 – 3 所示。

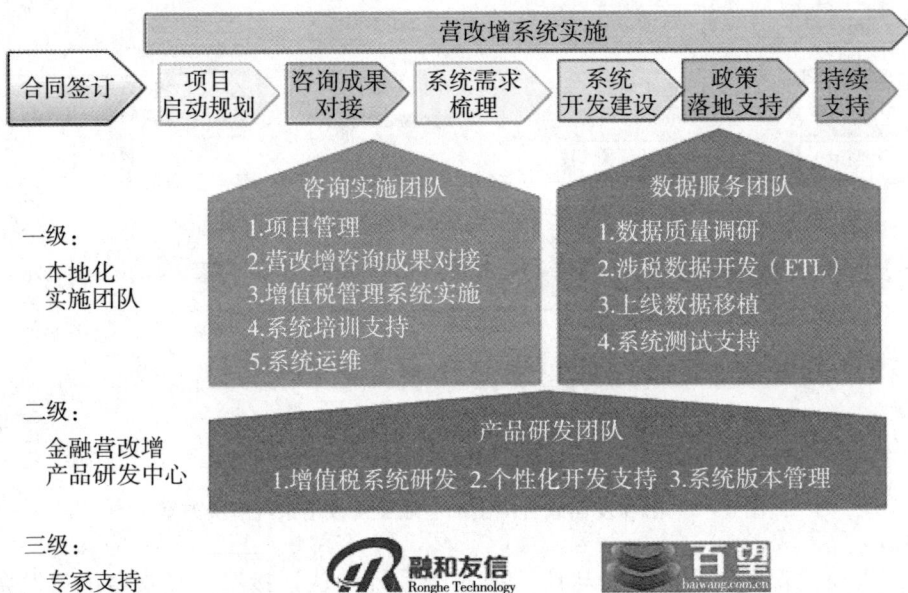

图 8 – 3　融和友信的"三级技术服务体系"

一级：本地化实施团队。依托融和友信北方大区、华东大区、南方大区建立的本地化实施交付团队，为企业提供"一对一"本地化的驻场服务，快速完成营改增项目规划、咨询成果对接、系统需求梳理、系统开发建设、政策落地支持、持续支持等项目建设内容。

二级：金融营改增产品研发中心。融和友信已成立金融业营改增专项产品研发中心，总部设在北京，并在成都、上海、深圳设立区域研发中心，提供增值税系统标准产品研发，同时为企业提供个性化服务支持，保障全国各地政策落地的差异化支持。

三级：专家支持。融和友信与百望股份有限公司建立营改增系统专家小组，共同研发金融业营改增系统解决方案，并为地区客户提供营改增落地支持。

国外金融业营改增的做法与借鉴

金融行业本身具有的复杂性和创新性使得营改增推出面临诸多难题。金融业复杂多样的业务难以以"一税管之"，金融业诸多业务的税基和税率难以确定。金融业推行营改增将触及中央和地方的税权划分，一旦在金融业推行营改增，势必会从整体上降低该行业的税负。因此需借鉴国际经验，探索我国金融业营改增途径。

1. 国外金融业营改增的做法

（1）经合组织基本的免税法

金融业业务可分为显性收费的金融业务和隐性收费的金融业务。所谓显性收费的金融业务，指向客户收取的价款直接体现金融服务收入，也就是金融企业增值额的业务，如保管箱业务、咨询业务等；而隐性收费的金融业务，指向客户收取的价款包含通货膨胀补偿、违约风险补偿等多种因素，金融服务的收入即金融企业增值额隐含在其中的业务，如存款业务、贷款业务、票据业务等，这些业务通常是金融企业的核心业务。

经合组织（经济合作与发展组织，英文简称 OECD）基本的免税法是指将金融机构的业务分为核心金融服务或隐性金融服务、出口金融服务、直接收费金融服务，对贷款、银行账户及货币、股票、债券交易等核心金融服务免税，对出口金融服务实行零税率，对金融咨询、保险箱等直接收费金融服务按标准税率征收增值税。基本的免税法首先由欧盟在 1977 年的增值税第六号指令中提出，之后广泛被欧盟、经合组织等国家和地区所采用。

这个模式对部分显性收费的金融业务征税，对大部分隐性收费的金融业务免税，同时对出口的金融服务适用零税率。对于免税项目而言，金融企业获得的营业收入不发生销项税额，而为获得这些营业收入购进产品或服务而发生的进项税额也不能获得抵扣（即政府不给予退税）；对于应税项目来说，企业的营业收入将发生销项税额，同时进项税额可以获得抵扣；对于出口的零税率项目来说，企业的营业收入不发生销项税额，而进项税额可以获得抵扣（即政府给予退税）。当企业同时经营免税项目、应税项目和零税率项目时，进项税额如不能确定归属，则要根据三类项目的营业收入按比例分摊。该模式导致了增值税抵扣链条的中断和重复课税。由于进项税额不能抵扣，免税项目的税收负担甚至可能高于应税项目。

（2）**南非缩小的免税法**

南非借鉴了欧盟基本免税法制度，但是做了必要的修正，由于基本免税法中对核心业务免税，而核心业务中包含了部分显性项目，因而欧盟的基本免税法只对部分显性项目征税，而南非对几乎所有向国内客户提供的直接或显性收费服务均要课征增值税，其免税的项目和范围大大缩小。南非缩小的免税法具有诸多优势，它缩小了免税的范围，因而对价格的扭曲作用大为缩小；同时，其也增加了财政收入，使得重复征税问题得到缓解。但是，缩小的免税法并没有解决金融企业进项税额在应税服务和免税服务之间分摊的问题，同时也增加了税收征管成本和纳税人遵循成本。

（3）**新加坡、澳大利亚进项税额允许抵扣的免税法**

新加坡在借鉴欧盟基本免税法的基础上进行了相应的创新，创制了进项税额允许抵扣的免税法。根据规定，新加坡对较大范围的向国内客户提供的"核心"金融服务给予免税，但是，如果这类服务是与咨询服务一同提供的，则要缴纳增值税。为了增强金融部门的竞争力，尽可能地避免重复征税，新加坡同意金融机构对进项税额的抵免，具体的处理方法是，当免税服务提供给增值税的纳税人时，该免税服务就看作应税服务，其相应的进项税额准予抵扣。

澳大利亚的金融业增值税课税模式相当于以上两种模式的折中，称为允许进项税额抵免的免税法，即对出口的金融服务实行零税率，对显性收费的金融服务课税，对隐性收费的金融服务免税，但允许一定比例的进项税额抵免。澳大利亚对免税金融服务规定的进项税额抵免率是75%。

（4）**新西兰的零税率法**

以新西兰为代表的零税率法的具体做法是，对显性收费的金融服务课税，而对隐性收费和出口的金融服务适用零税率。但这种方法显然使国内金融服务享有比国内其他行业更为优惠的税收待遇，也使政府的税收收入损失较大。

（5）　**阿根廷的毛利息课税法**

该种方法是南美洲国家阿根廷首创的，即对金融机构贷款的毛利息征收增值税，并且不允许扣除支付给储蓄者的利息即存款利息，同时，考虑到贷款的毛利息里包含了借入资金的成本，如果使用标准税率必将使金融机构承担较重的税负，所以阿根廷规定对贷款利息适用10.5％的较低的税率，其标准增值税税率为21％，所以相当于只征税标准增值税率的一半。毛利息课税法很大程度上简化了税制，大大降低了税收征收的成本，然而，由于贷款的利息中包括了借入资金的成本，因此，这种方法意味着向消费者和获取免税销售额的企业提供的金融中介服务承担了过重的税收负担。

纵观国外典型国家对金融业增值税的相关规定，免税法仍然是当今世界增值税征收的主流方法，缩小的免税法、进项税额允许抵扣的免税法等方法都是为了克服免税法某一方面的缺陷而对免税法做出的修正，至于毛利息课税法等虽然都具有这样那样的缺陷，但是也是对金融业如何开征增值税的有益尝试，对制度创建具有十分重要的作用。

2. 对我国金融业营改增的建议

（1）　明确应税项目和合理的税基

在这次金融业推行营改增明确应税项目和增值税税基时，可以把对金融业的各种业务进行分类作为一个有效的突破口，例如银行业不仅具有直接收费提供金融服务的常规业务，更多的是收取存贷价差的经营业务，同时随着金融创新，中间业务和表外业务也日益占据重要的地位。区分这些业务收入才能根据其特点分别对这些业务收入征收增值税：对于直接收费的业务很容易采用增值税来抵扣进项成本，如银行用办公设备进行交易而收取的费用，就可以将这些费用抵扣增值税。然而对于其他业务，如存贷业务则由于难以有效地实现进项抵扣，我们可以借鉴国外在对金融业征收增值税的过程中实施的免税法或低税率法，这样一定程度上能够降低金融行业的整体税负。

（2）　明确增值税进项税额抵扣方法

为了维护增值税法的统一性，金融服务部门可抵扣的进项税额项目应与其他行业保持一致，应包括外购于提供应税产品或服务的原材料、低值易耗品和机器设备等中间投入品而发生的进项税额。短期内，归属于应税项目（包括零税率项目）的进项税额可以抵扣，归属于免税项目的进项税额不允许抵扣，不能明确归属的进项税额可根据金融服务部门应税项目和免税项目的营业收入总额按比例进行分摊。从长期看，由于金融服务业务种类繁杂，将进项税额严格准确地归属于应税和免税项目的工作将非常繁重，为了节省征管成本和遵从成本，可允许金融服务部门仅就进项税额在出口项目和非出口项目之间的归属进行核算，而对非出口项目的进项税则按照统一的比例进行抵扣。

（3） 用逆向征税法对存贷款业务进行征税

逆向征税法将贷款视为银行的产出，借款视为投入，则对贷款利息征收的增值税就是销项税额，对借款利息征收的增值税就是进项税额，两者的差额就是银行应该交给政府的增值税额。用逆向征税法征税，本来由存款者代征存款利息增值税的责任转移到银行，银行对投入（存款利息）开出增值税发票，并将其作为产出品（贷款利息）应纳增值税的抵扣额，也就是作为进项税额抵扣。可见，在逆向征税方式下，银行和存款者都不用承担增值税，所有税收都是由最终消费者承担。这与我国目前的增值税原理是一致的。

（4） 明确税收收入的划分和归属

金融业推行营改增，在短时间内其税收归属应保持不变，原本缴纳营业税属于地方政府收入的部分在变为增值税后应保留地方政府不变。这次营改增在一定程度上会减少整个金融行业的税收负担，从而减少地方政府的税收收入，倘若再剥夺其25%的增值税税收收入，势必会大大削减地方政府的预算，不利于地方经济的发展。而从长远来看，这部分税收收入应逐渐回归中央政府，由此所引起的地方税收减少，可以通过提高资源税、房产税等地方主题税种的征管效能，提高地方的分税比例，加大转移支付力度等方式来弥补。

参考文献

［1］国家税务总局全面推开营改增督促落实领导小组办公室．全面推开营改增业务操作指引［M］．北京：中国税务出版社，2016.

［2］王京梁．营业税改征增值税最新政策解读及实务案例分析［M］．北京：中国商业出版社，2016.

［3］熊鹭．金融业"营改增"：国际视野与中国探索［M］．北京：中国财政经济出版社，2014.

［4］赵金梅，马郡．营改增实战：增值税从入门到精通（一般纳税人）［M］．北京：机械工业出版社，2016.

后　记

打通增值链条：金融业营改增任重道远

　　金融业营改增不仅直接影响自身税负、经营业绩和管理模式，对其他与之息息相关的行业都会产生较大影响，比如融资租赁业。融资性租赁业务营改增前应纳税额为"租赁利差的5%加上营业税附加"，营改增后为租赁利差的17%，经营性租赁业务为租金收入的17%。由于此前营改增尚未在金融行业试点，而融资租赁行业业务又与金融业息息相关，所以租赁公司营改增后面临一些困境，如抵扣链条不完整，在营业税下，银行开具的利息流水单据可作为租赁公司利息支出的扣减依据，而在增值税下，利息流水单据不能作为差额征税的合法凭证。

　　由于此前银行还未纳入营改增范围，租赁公司的利息支出无法从银行取得增值税发票抵扣，致使租赁公司的利息支出在交税时无法抵扣。金融行业尤其银行机构在现行营业税下，大多无法开具发票，不少银行与融资租赁公司合作的业务受到限制。而金融业营改增之后，金融业将具备开具增值税专用发票的资格，其他行业在取得金融业的增值税专用发票后将可以作为进项税额抵扣。尤其对营改增之前就缴纳增值税的行业来说，本次改革直接增加了其进项税额，原增值税纳税行业的税负有所下降。不过，在金融业营改增后，融资租赁行业依然存在税差、存量营业税等问题。

　　金融业营改增是一项巨大的改造工程，周期长、影响广，涉及的系统改造风险也高；除了IT系统外，还需要在财务流程、人员配置、营改增培训等方面配套布置，这都不是一时半会儿能完成的，只能采用渐进方式。所以本次采用过渡方案是务实的，从求稳的角度看也是合理的选择。

　　不论未来营改增方案如何修改，核心都是针对净利息征收增值税、允许全额进项抵扣，打通银行业与上下游企业的增值链条。营改增后，若只对净利息收入征税，流转税负减轻，理论上就可降低对企业及个人的贷款定价，直接减轻社会融资成本，有利于激发企业活力，推动经济增长并促进经济结构转型。

作　者

2016 年 9 月